第四题　论述题（每题 30 分，共 1 题，共 30 分），根据题目要求进行阐述。

2022 年 2 月 22 日，《中共中央、国务院关于做好 2022 年全面推进乡村振兴重点工作的意见》，即 2022 年中央一号文件发布，这是 21 世纪以来第 19 个指导"三农"工作的中央一号文件。文件指出，牢牢守住保障国家粮食安全和不发生规模性返贫两条底线，突出年度性任务、针对性举措、实效性导向，充分发挥农村基层党组织领导作用，扎实有序做好乡村发展、乡村建设、乡村治理重点工作，推动乡村振兴取得新进展、农业农村现代化迈出新步伐。

习近平总书记在中央农村工作会议上强调："全面推进乡村振兴、加快建设农业强国，是党中央着眼全面建成社会主义现代化强国作出的战略部署。"在全面建设社会主义现代化国家开局起步的重要时刻，习近平总书记的重要讲话明确了当前和今后一个时期"三农"工作的目标任务、战略重点和主攻方向，为建设农业强国、加快推进农业农村现代化提供了遵循。全面建设社会主义现代化国家，最艰巨、最繁重的任务依然在农村，最广泛、最深厚的基础也依然在农村。推动实现农村更富裕、生活更幸福、乡村更美丽，必须采取更有力的举措，推动人力投入、物力配置、财力保障转移到乡村振兴上来，全面推进产业、人才、文化、生态、组织"五个振兴"。

结合习近平总书记关于乡村振兴的重要论述，以及党和国家有关乡村振兴的文件，积极推动社会工作参与乡村振兴。

问题：

1. 当前我国乡村振兴面临的主要问题。

2. 分析社会工作者参与乡村振兴的角色及作用。

3. 运用社会发展理论来论述社会工作如何参与乡村振兴。

《社会工作实务（高级）》
2024年模拟题（四）

第一题　案例分析题（每题20分，共1题，共20分），根据所给材料回答问题。

2022年政府工作报告提出："积极应对人口老龄化，……优化城乡养老服务供给，……推动老龄事业和产业高质量发展。"而党的二十大提出，要"增进民生福祉，提高人民生活品质"，其中要"推进健康中国建设。……把保障人民健康放在优先发展的战略位置，……建立生育支持政策体系，……实施积极应对人口老龄化国家战略"。可见，应对人口老龄化已上升为国家战略。

H社区是个老旧社区，老龄化严重，社区中的长者比例已超20%，高龄老年人有135人。为做好社区老年人服务，保障社区老年人"老有所养、老有所依、老有所乐、老有所为"，H社区最新引进了社会工作服务，计划以社会工作专业手法来为社区老年人提供应需服务。

问题：

假如你是该社区的社会工作者，请你面向H社区高龄老年人制订一份老年人能力行为评估计划，仅需要列出评估对象、评估方法、评估内容及评估安排即可。

第四题 论述题（每题30分，共1题，共30分），根据题目要求进行阐述。

2021年4月28日，《中共中央、国务院关于加强基层治理体系和治理能力现代化建设的意见》发布并指出，要发展公益慈善事业，完善社会力量参与基层治理激励政策，创新社区与社会组织、社会工作者、社区志愿者、社会慈善资源的联动机制。为贯彻落实文件要求，各地积极按照党中央、国务院的部署要求，推动创新"五社联动"机制，着力发挥社会工作者的支撑作用，推动社会工作者聚焦群众"急难愁盼"问题和社区发展需求，积极发展社会组织，动员社区志愿者参与服务，链接、整合社会慈善资源，全面激发社区活力，推动社区治理专业化、精细化，助力建设人人有责、人人尽责、人人享有的社会治理共同体。经过一年的探索及实践，"五社联动"的实践初具成效。

问题：

1. 请阐述"五社联动"的基本内涵。

2. 作为社区社会工作者，你将如何利用"五社联动"机制，来推动社区基层治理？

《社会工作实务（高级）》
2024年模拟题（三）

第一题　案例分析题（每题20分，共1题，共20分），根据所给材料回答问题。

浩浩，男，8岁，非婚生子，小学一年级学生。在浩浩2岁时，母亲抛弃他离家而去，至今未有联系。浩浩居住在农村，居住条件简陋，与奶奶、父亲、阿姨一起生活。阿姨是父亲现在结识的对象。父亲因患手疾，无法做重力活，有时会外出打零工，夏季会售卖葡萄，由于竞争较大，生意差。奶奶今年58岁，患有高血压十余年，需长期吃药。家庭的经济来源主要依靠政府救助金和父亲打零工的收入，经济困难。长久以来，浩浩因营养不良，个子矮小、自信心不足，难以融入学校生活，学习成绩差。为有效地开展社区未成年人保护工作，社会工作者以浩浩的个案为例，开展个案研究，发现浩浩目前出现的困境除了家庭的原因外，学校及社区的未成年人服务不完善等也是重要因素。社会工作者打算通过个案研究的方法来介入社区困境儿童帮扶，以改善社区困境儿童的处境，推动社区未成年人保护工作的发展。

问题：
依据浩浩的情况开展个案研究，请根据上述案例撰写一份个案研究报告。

第四题 论述题（每题 30 分，共 1 题，共 30 分），根据题目要求进行阐述。

2023 年 3 月，中共中央、国务院印发的《党和国家机构改革方案》（以下简称方案）指出，组建中央社会工作部。负责统筹指导人民信访工作，指导人民建议征集工作，统筹推进党建引领基层治理和基层政权建设，统一领导全国性行业协会商会党的工作，协调推动行业协会商会深化改革和转型发展，指导混合所有制企业、非公有制企业和新经济组织、新社会组织、新就业群体党建工作，指导社会工作人才队伍建设等，作为党中央职能部门……中央社会工作部划入民政部的指导城乡社区治理体系和治理能力建设、拟订社会工作政策等职责，统筹推进党建引领基层治理和基层政权建设。方案受到了社会工作教育界、实务界及广大社会工作者的关注，其中包括如何理解方案中所提到的"社会工作"，以及方案的实施对"专业社会工作"发展的影响。

党的二十大报告提出了中国式现代化的新命题，我国已经进入了全面建设社会主义现代化国家的新阶段。党的二十大对中国式现代化的特点、本质和原则作了具体阐述，对新发展阶段社会建设的发展提出了战略规划，实际上也对社会工作的发展提出了要求，需加强党的领导、政府主导、专业引领、深入基层、问题导向、提质增效，建立与中国式现代化相适应的社会工作制度。这都涉及对影响社会工作发展的一些重要因素的理解以及"新本土化"问题。

问题：

1. 中央社会工作部在机构设置新格局下如何推进"大社会工作"的均衡发展？

2. 中国式现代化背景下社会工作"新本土化"的重点实践领域。

《社会工作实务（高级）》
2024年模拟题（二）

第一题　案例分析题（每题20分，共1题，共20分），根据所给材料回答问题。

2022年10月，《住房和城乡建设部办公厅、民政部办公厅关于开展完整社区建设试点工作的通知》对外发布。通知明确，试点工作自2022年10月开始，为期2年，重点围绕完善社区服务设施、打造宜居生活环境、推进智能化服务、健全社区治理机制四方面内容来探索可复制、可推广的经验，推进适老化、适儿化改造，建设全龄友好社区。

A社区作为试点社区，决定引入B社会工作服务机构设计并实施为期1年的"全龄友好社区建设项目"。B社会工作服务机构的社会工作者进入A社区后，开展了一周的社区走访、需求调研，了解到A社区的服务设施较为齐全，包括医院、公园、健身设施等，且社区环境优美，居民生活条件较为优越，社区中儿童及长者的人数占比较多，但社区中邻里关系较为冷漠，社区居民之间很少打招呼，也较少参与社区服务。很多居民反映公园中的设施大多数都是现代化健身器材，要不就是长期受到日晒雨淋，不大适合儿童及长者使用。因此，平日大家往往待在家中，很少到社区的公众场合玩耍互动，社区中的硬件设施使用率不高。同时，社会工作者也通过走访，了解到很多家庭反馈他们对社区的很多服务都不大了解，如很多家长会反映并不知道社区里面有哪些育儿机构及平台，也不太会操作社区推出的一些线上智慧App。而社会工作者也发现，社区中有一些自发形成的社团，有舞蹈团、唱歌团，社区中也有一些老党员会默默地帮助邻里，他们对社区的建设也有一些想法，但很少在公众场合发表言论。

问题：

如果你是B社会工作服务机构的社会工作者，你将如何设计A社区的"全龄友好社区建设项目"方案？（服务设计部分只需要写出服务策略）

第四题 论述题（每题 30 分，共 1 题，共 30 分），根据题目要求进行阐述。

2022 年 10 月 16 日至 10 月 22 日，中国共产党第二十次全国代表大会在北京胜利召开。作为一名社会工作者，要认真学习领会、贯彻执行党的二十大报告中关于"推进国家安全体系和能力现代化，坚决维护国家安全和社会稳定""完善社会治理体系，健全共建、共治、共享的社会治理制度""增进民生福祉，提高人民生活品质"等方面的内容，坚持"以人民为中心"的发展思想，学深悟透、身体力行，带领全行业找准切入点、发力点，踔厉奋发、勇毅前行，在新的历史阶段找准社会工作的定位，紧紧围绕党和国家事业全局谋划工作，为全面建设社会主义现代化国家、全面推进中华民族伟大复兴作出积极的贡献。

问题：

1. 简述坚持党的领导对做好社会工作的重要性。

2. 谈谈社会工作如何加强党建引领，以提高工作水平和服务成效。

《社会工作实务（高级）》
2024 年模拟题（一）

第一题　案例分析题（每题 20 分，共 1 题，共 20 分），根据所给材料回答问题。

某地为阻击新冠疫情蔓延，针对高风险小区实施统一管理。繁重的工作任务导致当地医护人员工作时间长、休息时间短、工作压力大。医护人员在检测或排查过程中感染的情况时有发生，也导致医护人员的情绪出现波动，甚至出现了心理问题。

请你根据以上材料，设计一份医护人员心理疏导方案。

第四题 论述题（每题 30 分，共 1 题，共 30 分），根据题目要求进行阐述。

2021 年 5 月 24 日，民政部、国家发展改革委印发《"十四五"民政事业发展规划》，提出要完善现代社会工作制度，构建社会工作服务体系，提升社会工作服务机构能力，扩大社会工作专业人才队伍。近年来，社会工作建设制度取得了不少成就。根据社会工作"人在环境中"的理论视角，各国现代化情况不同，社会工作也在环境中不断发生变化。

问题：

1. 简述"人在环境中"的观点。

2. 简述"社会工作在环境中"的含义。

3. 简述我国社会工作制度建设的成就与不足。

4. 根据"社会工作在环境中"，提出对完善我国社会工作制度的见解。

《社会工作实务（高级）》
2023 年真题

第一题　案例分析题（每题 20 分，共 1 题，共 20 分），根据所给材料回答问题。

某社会工作服务机构承接了 6 个街道社工站建设的政府购买服务项目，街道社工站建设是一项全新的、综合性的任务，该机构面临着人手不够、经验不足、内部关系需重新协调的现实问题。

为了完成这项社工站建设任务，该机构制订了加强人力资源管理的工作计划，以提升机构人员的素质与服务质量。

问题：

1. 列出加强人力资源管理计划的主要目标。

2. 列出该计划的主要任务及具体措施。

第四题　论述题（每题 30 分，共 1 题，共 30 分），根据题目要求进行阐述。

当前，我国发展不平衡不充分问题仍然突出，城乡区域发展和收入分配差距较大，各地区推动共同富裕的基础和条件不尽相同。促进全体人民共同富裕是一项长期艰巨的任务，需要选取部分地区先行先试、作出示范。浙江省在探索解决发展不平衡不充分问题方面取得了明显成效，具备开展共同富裕示范区建设的基础和优势，也存在一些短板弱项，具有广阔的优化空间和发展潜力。支持浙江高质量发展建设共同富裕示范区，有利于通过实践进一步丰富共同富裕的思想内涵，有利于探索破解新时代社会主要矛盾的有效途径，有利于为全国推动共同富裕提供省域范例，有利于打造新时代全面展示中国特色社会主义制度优越性的重要窗口。

问题：

1. 阐述共同富裕的含义。

2. 共同富裕对特殊困难、低收入群体的功能。

3. 结合增强权能理论和社会支持理论，阐述社会工作帮助特殊困难群体实现共同富裕的可能思路。

《社会工作实务（高级）》
2022年真题

第一题　案例分析题（每题20分，共1题，共20分），根据所给材料回答问题。

近年来，我国老龄化程度越来越高，搭建"老有所依、老有所养、老有所乐、老有所为"的服务体系，建设适老化社区成为社会服务重要内容。某社工站受街道办事处委托，为辖区内的老年居民做关于"老年人社会压力和社会支持"的问卷调查，社会工作者决定查阅相关的文献资料，并采取发放问卷的方式进行调查，预计发放500份问卷。

问题：

1. 阐述本研究的主要问题。

2. 采用随机抽样法，如何选取500人？

3. 阐述文献回顾的主要内容。

4. 请阐述社会调查报告的主要框架。

第四题　论述题（每题 30 分，共 1 题，共 30 分），根据题目要求进行阐述。

1. 阐述社会工作者参与社会治理的重要性和措施。

2. 个案管理的内容和原则是什么？

3. 乡镇（街道）社工站的职能是什么？举例说明社工站个案管理在社会治理中的应用及成效。

《社会工作实务（高级）》
2021 年真题

第一题　案例分析题（每题 20 分，共 1 题，共 20 分），根据所给材料回答问题。

涉罪未成年人家长普遍对涉罪未成年人存在失望、否定的态度，认为他们无可救药，同时存在感觉自己抬不起头等心理问题。社会工作者进行家庭教育指导时发现涉罪未成年人家庭的亲子关系紧张，家长存在非理性信念。

1. 简述理性情绪治疗模式的定义和内容。

2. 撰写家庭教育指导小组计划书，需包括总目标、具体目标、每节小组的活动程序。

二、论述题（总共两道论述题，任选一道作答，每题满分 30 分）

第五题　论述选做一（每题 30 分，共 1 题，共 30 分），根据题目要求进行阐述。

1. 试论述心理社会治疗模式的渊源。

2. 心理社会治疗模式的核心。

3. 心理社会治疗模式的服务范围与局限性。

第四题 案例选做三（每题 25 分，共 1 题，共 25 分），根据所给材料回答问题。

刘女士原是一名业余钢琴教师，丈夫是一家企业老板，刘女士曾认为妻子就应当在家相夫教子。如今刘女士身患乳腺癌，治疗后需要丈夫的照顾，心理压力很大，感到生活没有奔头，产生了轻生的念头，因此寻求社会工作者帮助。社会工作者采用叙事治疗方法帮助刘女士。

问题：

1. 叙事治疗方法"问题外化"技巧是什么？

2. 结合案例分析叙事治疗方法在帮助刘女士过程中的积极功能。

《社会工作实务（高级）》
2020 年真题

一、案例分析题（共有 4 道题；第 1 题为必做题，满分 20 分；第 2、3、4 题任选其中 2 道题作答，每题满分 25 分）

第一题（案例必答题，20 分），根据所给材料回答问题。

小刘，22 岁，随父母到城市打工，住在城中村，原本在舅舅厂里上班，因不满舅舅管教严厉，自己出来创业，又因创业失败受到打击，患上精神疾病。治疗一段时间后有所好转，但仍需吃药，导致记忆力下降。父亲抱怨责备他，让他出去上班，小刘害怕邻居笑话，依然想自己创业。母亲觉得小刘还需要康复治疗，主张让小刘继续居家治疗。

社会工作者主动上门介绍优惠政策等，表示社区可给予技能培训，鼓励小刘参与社区活动和社区康复。

问题：

结合案例用优势视角理论和家庭系统理论为小刘制订一个社区康复服务方案。

二、论述题（总共两道论述题，任选一道作答，每题满分30分）

第五题（30分）：

脱贫攻坚是社会工作主要的实践领域，《中共中央　国务院关于打赢脱贫攻坚战的决定》指出，要"实施扶贫志愿者行动计划和社会工作专业人才服务贫困地区计划"。对社会工作参与脱贫攻坚提出明确要求，扶贫济困的专业使命和专业价值使人们对社会工作参与扶贫寄予厚望。试从增能理论的视角，论述社会工作参与脱贫攻坚应关注的基本问题，并说明可用资源及介入思路。

第四题（案例选答题，25分）

某高校响应国家精准扶贫战略，申请社会工作教育参与精准扶贫，组织高校师生前往村寨开展扶贫工作。到达村寨后，发现很多男性都外出打工，妇女受到传统性别角色影响，主要在家带孩子、伺候老人、洗衣做饭等，压力大。有的妇女说："村寨的事就让村主任说了算就好。"有的妇女还说："女人就是这命，生来就是照顾家的。"社会工作者发现，妇女都会自己民族的刺绣，能够绣出精美的作品。同时，村寨里还有新鲜的山间竹笋、大量野生的菌菜，以及彩橙，她们守着"金山银山"却过着政府救济的日子。

社会工作者通过组织妇女形成合作社，解决了妇女的生计问题。组织妇女形成小组，讨论日常生活和参与村寨事务。

问题：

1. 结合案例，分析在村寨传统习俗下女性与男性分工对妇女角色的影响有哪些？

2. 运用性别角色理论，分析女性的性别需求类型，并阐述满足所对应需求的介入策略和方法。

3. 社会工作介入策略中体现了哪些妇女社会工作的基本原则？

附录

《社会工作实务（高级）》
2019 年真题

一、案例分析题（共有 4 道题；第 1 题为必做题，满分 20 分；第 2、3、4 题任选其中 2 道题作答，每题满分 25 分）

第一题（案例必答题，20 分）

2018 年 2 月，最高人民检察院、共青团中央签署了《关于构建未成年人检察工作社会支持体系的合作框架协议》，并确定了 40 家社会组织开展试点工作。试点工作开展一年后，某社会工作服务机构接受委托，拟对其中 20 家试点单位进行调研，为推进未成年人检察工作社会支持体系建设提供政策建议。

要求：

设计一份运用定性研究方法完成上述调研任务的研究计划。

第二题 （案例选答题，25分）

为响应城市老旧社区改造要求，某街道办计划为老旧社区加装电梯，某老旧社区有8栋老楼，住户3685户，老年人口2000多人，残障人士400多人。街道办购买社会工作服务参与加装电梯工作。社会工作者联系社区党委与居委会，通过走访社区居民，了解居民的差异化需求和意见，组织居民形成核心小组，帮助居民开展民主协商议事，就自筹费用和社区资金达成协议，帮助居民解决了电梯使用和后期维护方面的问题。

从审批安装，到施工完成，经过1年的努力，该街道办为2个老楼区加装了电梯，解决了居民上下楼困难的问题，推进了居民志愿者队伍的建设，形成了社区治理新模式。

问题：

1. 社会工作者在参与加装电梯工作过程中的服务目标是什么？

2. 按照社会策划模式的视角，社会工作者承担了何种角色与发挥了何种功能？

3. 按照地区发展模式的视角，在加装电梯过程中社会工作者都运用了哪些策略？

第三题（案例选答题，25 分）

老王 82 岁，癌症晚期，妻子比他小 2 岁（80 岁），老王平时极有权威。三个儿子和老王夫妇一起住，女儿住在邻村。考虑到老王的病情和年龄，医生不建议手术，孩子们害怕老王接受不了，决定对其隐瞒病情。老王因为不知道自己的身体情况而反复询问，认为家人不愿意为其治疗，儿女迫于无奈，最终告知实情。此后，老王开始闹情绪。妻子为了安慰老王，每天做好吃的，但老王只吃一点点，经常为吃饭吵架，甚至绝食。绝食三天后，社工介入。

下面是几个子女及妻子和老王的家访记录：

大儿子说："父亲这种状态，我们没有告诉他，也是出于孝心，担心他承受不住。"

二儿子说："母亲每天变着花样给他做饭吃，他也不吃，我很伤心。"

三儿子说："父亲平时很严厉，在家都是听他的。"

女儿说："平时父亲很疼爱我，我说什么都是听的，可这次让我也很伤心，我劝他他也不吃。"

妻子说："我理解老伴儿，但他也应该体谅体谅孩子，孩子也是关心……"

老王说："我的病情都不告诉我，饭菜不合我的口味，还让我吃，原本家里是我说了算的，现在都颠倒了，我就不听他们的。"

问题：

1. 结合案例，分析造成老王绝食问题的病态家庭结构并列出具体表现。

2. 依照结构家庭治疗模式，本案中为了解决老王的绝食问题，社会工作者采用了哪些召开家庭会议的技巧？

第六题（30分）：

平克斯、米纳汉在《社会工作实践：模式与方法》一书中，提出了一个由4个系统组成的社会工作实践模式。请说明该模式中，改变媒介系统、服务对象系统、目标系统和行动系统的含义，联系实际阐述服务对象系统和目标系统之间的关系，并说明4个基本系统对我国社会工作实践的启示。

第二题　案例选做一（每题 25 分，共 1 题，共 25 分），根据所给材料回答问题。

某小区有两栋高层楼房，350 户。如今，曾经的高端楼房出现了房顶漏水、电梯故障、承重墙因违规装修造成钢筋外露、垃圾乱放堵塞消防通道、外来人口楼道安家等现象。居民向物业公司反映，物业公司说由于业委会到期了，因此造成公共维修基金不能使用。对此，居民意见很大。

最近一周，又因楼顶水箱漏水泡了电梯井，造成三部电梯损坏，物业公司临时关闭了电梯，给居民造成不便，尤其是住在楼上的老人下楼看病不便，居民意见很大。为此，政府部门、街道、社区成立了工作专班，进驻小区解决问题。

问题：

1. 结合案例，请从紧迫性、重要性的角度，对当前需要解决的问题排序。

2. 案例中任务目标和过程目标是什么？

3. 社会工作者在业委会换届和培育工作中如何发挥作用？

第三题 案例选做二（每题 25 分，共 1 题，共 25 分），根据所给材料回答问题。

新型冠状病毒感染期间，某社会工作机构开展了一系列的社区抗疫工作，承受了巨大的压力，作出了巨大贡献。

某全国性机构调集了 60 人的督导队伍，对疫情防控人员开展一系列督导。

问题：

1. 结合案例说明该机构可以提供哪些督导？

2. 案例中可能运用什么督导方式？

3. 阐述各个督导方式的优点和局限。

第六题　论述选做二（每题 30 分，共 1 题，共 30 分），根据题目要求进行阐述。

随着脱贫攻坚任务的基本完成，绝对贫困户已基本实现脱贫，但相对贫困的问题日益凸显，党中央提出了改善加强社会救助的目标。

1. 从理论和实践的角度分析社会救助社会工作在解决相对贫困中发挥什么作用？

2. 从政策倡导角度分析我国现行社会救助政策的缺陷并提出改进建议。

第二题　案例分析题（每题 25 分，共 1 题，共 25 分）

某老旧小区没有物业服务机构，小区老年人比例大，空巢、独居老人多，小区内存在上下水管道老化、车辆占用消防通道存在安全隐患、电动车充电设施缺乏等问题。受该社区党组织和居委会的委托，某社会工作服务机构进驻小区，采用社会策划模式执行服务方案。他们开展了以下工作：（1）开展实地调查查看问题，拍摄小区老旧设施现状照片；（2）入户走访了解居民的困难和感受；（3）召开座谈会，征集居民的看法和建议等。制订出了该小区的服务方案，得到街道的认可和财力支持。

问题：

1. 阐述社会策划模式的定义和理论假设。

2. 该机构运用了哪些收集资料的方法，每种方法的优缺点是什么？

3. 该机构在进入社区、策划和实施服务方案过程中如何与社区党组织、社区居委会建立合作关系？

第三题 案例分析题（每题25分，共1题，共25分），根据所给材料回答问题。

　　某社会工作机构在村里支持下利用县里拨的资金修建老年人服务设施，满足村里老年人照顾需要。并通过募集资金，村里的企业老板捐款增建了几间房屋，解决了留守老人照顾问题，该房屋获得"老人幸福苑"的称号。机构联系红十字会进村开展服务，为老年人开展健康检查，讲授健康知识等。组织老年人建立互助小组，通过养鸡增加收入，闲余时间一起聊天。返乡青年还为老年人表演节目。机构还联系村里的妇联和老龄办等单位，成立了老年人志愿服务队，组织为老年人开展志愿服务等。

问题：

1. 阐述社会支持网络的定义和类型。

2. 案例中社会工作者建立社会支持网络的方法和技巧有哪些？

3. 从功能角度，社会工作者为案例中的老年人提供了哪些类型支持？

第二题 案例分析题（每题 25 分，共 1 题，共 25 分），根据所给材料回答问题。

为有效减轻义务教育阶段学生过重作业负担和校外培训负担，2021 年 7 月 24 日，中共中央办公厅、国务院办公厅印发《关于进一步减轻义务教育阶段学生作业负担和校外培训负担的意见》。要求各地区各部门结合实际认真贯彻落实。同年 8 月，国务院教育督导委员会办公室印发专门通知，拟对各省份"双减"工作落实进度每半个月通报一次。

"双减"政策出台实施后，学生的作业负担及校外培训负担明显减少，但不少学生由于自控能力较弱，出现学习动力不足、学习积极性较低等情况。家长面对孩子学习动力不足，成绩下降等现象，不禁"焦虑加码"。而学校在"双减"政策出台实施后，大部分的教育经费用于支持学生的课后托管及开设第三课堂，导致用于提升学生身心健康及学习动力、提升家长辅导及支持的经费不足。而社区面对"双减"后出现的家庭矛盾增加等状况也深感备受挑战。

因应"双减"后出现的这些状况及需求，某社会工作站运用系统理论取向的视角开展了一系列的活动。面向学生，社会工作者进入学校，通过联动多方资源开展了学生心理评估、团队辅导、时间管理主题讲堂、学习动力提升小组等活动；同时，面向家长开展家庭教育辅导、家长支持小组等活动。通过系列活动，同学们在"双减"后，心理健康水平有所提升，时间管理能力及学习动力也有较为明显的提升；而家长们也能够积极理性看待"双减"政策，亲子矛盾有所减少。其次，社会工作者联动社区开展系列亲子活动及家庭日活动，营造良好的社区氛围，帮助社区家庭建立和谐关系。此外，社会工作者协助学校及社区建立起儿童青少年心理健康防护机制，缓解"双减"政策下儿童青少年心理危机。

问题：

1. 阐述系统理论视角下"双减"带来的问题原因。

2. 系统理论视角下社会工作者如何开展服务？

3. 社会工作者从中扮演的角色和功能。

第三题 案例分析题（每题25分，共1题，共25分），根据所给材料回答问题。

几个年龄相仿的青少年在足球场上认识并成了好朋友，由于他们对未来没有认识，也没有人生规划，于是整天在社区游荡，无所事事。社会工作者小吴通过外展服务认识了他们，了解他们的情况后，社会工作者决定设计一个小组去帮助他们，小组的目标是：探索和了解自我，提升自我觉察意识，发挥自我潜能。以下是其中一节小组的程序设计：

（1）热身活动；

（2）回顾上一节的家庭作业；

（3）主题活动"秀秀我自己"；

（4）绘制自画像，材料准备，制作过程，准备"自画像"的演说词；

（5）分享介绍自己的自画像；

（6）邀请其他组员点评；

总结与布置家庭作业。

问题：

1. 阐述案例中小组目标设计的理论依据。

2. 分析小组活动设计的作用，以及每个环节设计可以产生的小组动力和动力类型。

3. 结合案例分析小组活动对于青少年成长的功能。

第二题　案例分析题（每题 25 分，共 1 题，共 25 分），根据所给材料回答问题。

小芳，25 岁，商场销售员。父亲患有精神疾病，目前在家进行康复治疗。小芳中学的时候曾被确诊患有精神疾病，经治疗，目前能像正常人一样工作、学习。

小芳目前到了谈婚论嫁的阶段，交了一个男朋友。但小芳非常忧虑：是否该跟男朋友坦诚自己的精神疾病？坦诚的话，怕跟男朋友分手；隐瞒的话，又怕生下来的小孩遗传了精神疾病，影响家庭关系。在这个无奈的情况之下，小芳向社会工作者小王求助，询问小王的意见，希望能够在保守秘密的同时，也可以不影响之后的家庭生活质量。

小王面临着两难的伦理困境：是为小芳保守秘密，还是为小芳分析利弊，引导她坦诚面对自己的精神病史？在这种情况下，小王向机构的高级社会工作师老陈求助。老陈与小王分析，帮助小王厘清伦理困境、伦理选择的原则。

问题：

1. 请利用伦理优先原则，叙述隐私保密原则与最小伤害原则及生命质量原则之间的关系。

2. 运用社会工作实践中的"简单决策模式"，写出本案例针对小芳的介入策略。

第三题 案例分析题（每题25分，共1题，共25分），根据所给材料回答问题。

某地进行拆迁工作，李阿姨退休、丧偶，有五个兄弟姐妹，李阿姨提出要五套安置房的拆迁要求。某地因无法满足要求而进行了强制拆迁，李阿姨因此开始越级上访。

根据《信访工作条例》，信访办与某社会工作机构达成合作，该机构派遣了有资历的社会工作者进行跟进。

社会工作者对李阿姨的情况进行了了解，发现李阿姨存在顽固的非理性思维，且因为多年上访，导致家境困难、身体疼痛，积累了多年疾病，社会工作者决定通过社区参与策略进行介入。

社会工作者通过链接经济和医疗救助资源，来帮助李阿姨缓解了生活压力；鼓励李阿姨参与社区议事会，但被李阿姨拒绝了。社会工作者邀请李阿姨加入社区公益手工小组，李阿姨参与了手工编织活动，编织品可以销售并获得一定的补贴，同时编织品也被赠送到边远山区，李阿姨对此感到很高兴，也越来越有兴趣。李阿姨在手工小组中认识了朋友，增加了参与社区活动的频次。她积极参与社区讨论，帮助社区解决问题。由此，李阿姨主动和政府及信访办沟通来解决问题。

社会工作者将李阿姨的跟进情况汇报给了政府，并建议将社会工作写入信访工作中，信访办认可了机构的工作成效，并将社会工作写入信访工作条例中。

问题：

1. 本案例中社会工作者的角色有哪些？

2. 本案例中社会工作者运用了哪些因素来推动李阿姨的社区参与？

3. 说一下本案例中社会工作者在信访工作中的主要介入策略。

第二题 案例分析题（每题 25 分，共 1 题，共 25 分），根据所给材料回答问题。

小军，男，15 岁。小军 6 岁时父亲因车祸去世，第二年母亲改嫁，他与爷爷、奶奶居住在一起，由于隔代之间存在隔阂，爷爷、奶奶不知道该如何开导小军，同时母亲偶尔才会来看望他，双方虽然相互惦记，但是缺乏沟通。小军一直无心学习，为了逃避学习任务，经常从学校或家里出走，和在社会上结交的一些不良人士做一些小偷小摸的事情，还通过此种方式来体现自己的存在感，认为这样就体现了自己的价值。小军有时三更半夜才回家，甚至大吵大闹，由于他脾气暴躁、身材高大，爷爷、奶奶管不住他，其他亲戚、邻居也不愿与小军有任何关联，还说他是"倒霉星""大麻烦"。在学校里，小军经常欺负同学，同学们也不愿和小军待在一起。老师在对小军进行教育时，小军也丝毫不听，还说道："我知道自己的行为不对，但我就是一个死爹没妈的大祸害，你们管我干吗？让我自生自灭算了。"老师也很无奈，不知道该如何更好地帮助小军。学校社会工作者小吴了解到小军的情况后，准备为小军提供专业服务，协助小军摆脱困境。

问题：

1. 案例中的小军主要面临哪些问题？

2. 绘制小军的生态系统图。

3. 针对小军的情况，运用生态系统理论提出介入策略。

第三题 案例分析题（每题25分，共1题，共25分），根据所给材料回答问题。

小豪，17岁，现就读于某技校二年级。一直以来，小豪的父母忙于工作，对小豪的生活和学习情况关注较少，小豪缺乏应有的家庭教育和温暖。久而久之，长期缺乏陪伴的小豪与一群在社区游荡的青少年成为朋友，在社区同进同出。半年前，小豪与这群朋友外出过生日，酒后在同伴的怂恿下帮忙"望风"，实施拦路抢劫。案发后，小豪和他的父母都很后悔，小豪意识到自己犯下的错误，愿意承担责任并表示不会再犯，同时也希望自己可以有一次改过自新的机会，表示自己会好好学习，努力做一个对社会有用的人。小豪的父母感到十分愧疚和心痛，认识到因为自己的疏忽，导致小豪走上歧途。父母希望获得帮助，协助小豪改变现状，重新积极地面对学习和生活。法院考虑到小豪的认罪态度良好，情节不算严重，令其回归社区参与社区矫正，小李是某社会工作服务机构的社会工作者，将为小豪提供矫正社会工作服务。

问题：

1. 矫正社会工作有哪些特点？

2. 在上述案例中，小豪面临的主要困境有哪些？

3. 针对小豪目前的困境，社会工作者小李应采取怎样的介入策略？

第二题　案例分析题（每题 25 分，共 1 题，共 25 分），根据所给材料回答问题。

小梅是一名 3 岁女童，父母靠在夜市卖烧烤赚钱，没有固定的工作时间，每天回家都很晚。因母亲工作的特殊性，她在小梅 3 个月大时就为其断了奶并忙于工作，父母早出晚归导致小梅几乎每天只能见父母一面，其后再无更多的互动交流。小梅主要是由奶奶照顾，但奶奶也只是照顾小梅的日常起居，对于其他方面的教育也不懂。和小区中的其他孩子相比，小梅一直不合群，见到陌生人就哭闹不停，而且也不爱吃饭，睡觉没有规律，经常哭闹。

问题：

1. 社会工作者在开展儿童社会工作实务的过程中需要遵守哪些原则？

2. 请你以儿童社会工作者的身份，运用儿童社会工作的理论来简要分析小梅面临的问题。

3. 结合小梅的问题，提出社会工作的介入策略。

第三题　案例分析题（每题25分，共1题，共25分），根据所给材料回答问题。

小林是城市 C 社区的社会工作者，他刚被派驻到 C 社区时，社区领导就提出期望小林能够动员社区居民一起关注社区问题、一起参与社区问题的解决，充分体现主人翁的精神，而不是单靠社区居委会从上而治，居民什么事情都依赖居委会来解决。

为了充分了解社区情况，并提出有针对性的社区居民动员策略，小林积极地拜访社区各部门，并积极地进行社区走访，与社区居民聊天，迅速地跟社区中的不同群体的居民建立了关系，也获得了社区的很多信息。小林了解到社区处理公共事务都是居委会领导班子做出决策之后，直接下发通知到各个小区，但有时候决策的执行情况不大好，有些居民不理解也不配合，但当居委会主动咨询居民的意见时，居民却表示这是居委会的事情，他们不参与。最近，社区因为停车难的问题矛盾频发，对此，社区领导班子表示很无奈。小林在与社区居民聊天中发现，社区中有一些老党员其实对社区存在的停车难的问题以及解决有一定的看法和建议，但他们表示很多时候提了也没有人听，更不会采纳他们的意见，多说无益。而社区中大部分的社区居民都表示平日里自己忙于工作与生活，没有时间也没有能力参与社区问题的讨论和解决，也不知道该怎么参与。但也有部分居民表示现在社区存在的停车难的问题他们有关注到，也认同居民要自己去参与讨论和解决的想法，但是家人不大支持，而自己也觉得多一事不如少一事，反正也没有人邀请，也没有这种反馈制度。

问题：

1. 什么是社区参与？社区参与有哪些层次及形式？

2. 结合案例分析，影响社区居民参与的因素有哪些？

3. 结合案例分析，如果你是社会工作者小林，你该如何推动社区居民参与？

第二题　案例分析题（每题25分，共1题，共25分），根据所给材料回答问题。

李婆婆71岁，老伴儿已过世，患有高血压，长期吃药，但身体还硬朗。有一儿一女，均未婚。儿子今年45岁，在2006年由于脑部意外受伤，花光了李婆婆的所有积蓄，并留下了后遗症，无认知能力和行为能力，生活无法自理，长期卧床。女儿今年43岁，刚出生时被查出患有先天性智力残疾，生活也无法自理。两个孩子均需要李婆婆照顾，每每想到两个孩子的情况，李婆婆都感觉压力很大，有时候无法入睡。

目前李婆婆和子女居住在以前单位的福利房中，住在一楼，出入方便，但楼龄较大，光线暗。家庭收入主要依靠其微薄的退休金和子女的低保，家庭经济困难，但社区、单位比较关心李婆婆一家的情况，定期慰问，并为李婆婆链接各项政策帮扶，有效地缓解李婆婆的经济困境。

李婆婆性格比较内向，平时不愿意主动麻烦别人，老伴儿去世后，心里变得压抑，有心事很少对外说，害怕别人议论两个孩子。但一想到要照顾两个孩子，总能振作起来，并将家里打理得井井有条。李婆婆性格和善，与邻里关系要好，以前喜欢走出家门，参与社区活动；但自从儿子瘫痪之后，李婆婆总是以要照顾子女为由拒绝出门及参与社区活动。

问题：

1. 根据以上材料，分析李婆婆有哪些需求？

2. 简述优势视角理论的内涵，分析李婆婆的优势和缺失。

3. 运用优势视角理论，提出对李婆婆服务的介入策略。

第三题　案例分析题（每题25分，共1题，共25分），根据所给材料回答问题。

2019年，某社会工作服务机构在一个社区内开展社会救助社会工作项目，主要服务对象为辖区内的困难人群，为他们提供心理疏导、能力提升和社会融入等方面的服务。辖区内帮扶对象的数量众多，现有帮扶对象137户188人，其中扶贫类183人、帮困类5人；低保户135户179人，其中有劳动能力的9户12人、因收入致贫的86户117人、因病致贫的37户47人、因学致贫的3户3人。社会工作者在前期的调研和服务中发现本辖区因病致贫的服务对象普遍存在自卑和消极的情绪。经过了解发现，一部分因病致贫的服务对象认为"自己之所以生活困难，完全是因为自己命不好，这个世界对自己不公平"，也有部分服务对象认为"我的家庭那么困难都是因为我没用，我做什么都不行，我简直就是废人一个"，甚至有个别服务对象认为"未来没有希望，如果继续这样下去，我们全家都会完蛋"……因此，社会工作者评估，这些服务对象需要专业的社会工作力量介入，需要协助他们树立正确的信念，理性地看待目前的生活状况，提升自身应对问题的能力，从而缓解情绪压力。

基于因病致贫服务对象家庭的基本情况和需求，社会工作者拟用认知行为理论来指导开展服务，以降低社区低收入群体的消极情绪，助其建立积极、乐观、上进的心态。

问题：

1. 阐述认知行为理论的主要观点。

2. 结合案例，分析因病致贫的服务对象存在哪些非理性认知？

3. 应用认知行为理论，提出面向因病致贫服务对象的社会工作介入策略。

第二题　案例分析题（每题25分，共1题，共25分），根据所给材料回答问题。

社会工作者小王对入住安置房的老年人的生活状况开展需求评估。他计划利用问卷星收集60份有效的问卷，并根据问卷的数据来分析该群体的年龄特征、家庭情况及面临的主要问题，等等。督导老张在督导时，了解到小王选择问卷调查的原因，是采用匿名访问的方式有利于获得真实信息；收集数据的内容、时间、格式基本统一，从而资料的处理相对容易并便于比较分析；在同一时段访问众多对象可以节省不少资源。老张提醒小王，由于调研对象是老年人，问卷星的调查又属于自填问卷，会受到文化水平和个人能力的影响，调查员无法当面指导和记录，填答质量可能难以保证，也难以深入了解老年人的个别化需求，建议小王可以采用访谈法，以便进一步进行精准评估，发挥双方的主动性和创造性，对变化也可及时做出回应，由此获得较深入的资料。小王采纳了督导的建议，设计了访谈提纲，并预备在下一次的访谈过程中与被访者进行面对面的交流，收集老年人入住安置房以后的现状、需求及面临的问题，以便设计精准的服务计划。

问题：

1. 阐述问卷调查的含义以及问卷的类型。

2. 比较、分析问卷调查与访谈法的优缺点。

3. 根据案例中的情形，设计访谈提纲。

第三题　案例分析题（每题25分，共1题，共25分），根据所给材料回答问题。

在反家暴服务项目中，社会工作者小钟接到吴女士的求助电话，称其遭受丈夫的家暴。吴女士在电话中说丈夫在外面遭遇不顺，回到家一言不合就和自己吵架，摔东西，殴打自己。小钟想进一步了解吴女士的情况，提出要跟吴女士面谈时，吴女士害怕自己的求助被丈夫发现，将会遭到更加严重的家暴，不愿意面谈。经过小钟的反复保证会尊重吴女士并对信息进行保密后，吴女士留下了电话号码，并表示愿意接受社会工作者的电话服务。

小钟在获得吴女士的同意后，开展了电话跟进服务。通过多次交流，了解到吴女士的家庭及遭受家暴的情况。吴女士和丈夫结婚不到一年，丈夫经营一家小店铺，生意不好，收入不高，家庭生活比较拮据。丈夫从不参与家务事，家里的大小事务都落在她身上：照顾公公、婆婆，负责一家人的一日三餐。吴女士是北方人，喜欢面食；丈夫一家是南方人，喜欢米饭、汤品，生活习惯的不同也经常引起丈夫的不满，二人常因小事而争吵。面对丈夫的指责，起初吴女士会觉得自己不赚钱，照顾一家人是应该的；丈夫在外面不容易，回家后有些抱怨和指责，她也能接受。时间长了，吴女士觉得自己尽心尽力地照顾甚至讨好婆家人，但是丈夫既赚不到钱，又不体谅她，心中也有了诸多不满，忍不住会数落丈夫的无能和不顾家。因此招来丈夫多次的拳打脚踢，吴女士实在无法忍受，才来寻求社会工作者的帮助。

了解吴女士的情况之后，小钟打算运用社会性别理论来进行服务介入。

问题：

1. 什么是社会性别？社会性别理论的主要观点是什么？

2. 运用社会性别理论视角，分析案例中吴女士面临的问题。

3. 运用社会性别理论，提出吴女士的社会工作服务策略。

全国社会工作者职业水平考试辅导教材

真题
详解

高级社会工作师考试
真题详解

全国社会工作者职业水平考试真题详解编写组　编

高级 | 2024

中国社会出版社

国家一级出版社·全国百佳图书出版单位

图书在版编目（CIP）数据

高级社会工作师考试真题详解 / 全国社会工作者职业水平考试真题详解编写组编 . —— 2 版 . —— 北京：中国社会出版社，2024.2

ISBN 978-7-5087-7016-1

Ⅰ . ①高… Ⅱ . ①全… Ⅲ . ①社会工作—中国—水平考试—题解 Ⅳ . ① D632-44

中国国家版本馆 CIP 数据核字（2023）第 249803 号

出 版 人：程　伟		终 审 人：王　前	
责任编辑：马潇潇		责任校对：张　迟	
封面设计：尹　帅			

出版发行　中国社会出版社　　　　　地　　　址：北京市西城区二龙路甲 33 号

邮政编码　100032　　　　　　　　　编 辑 部：(010) 58124853

营销中心：金　伟　13901172636　　四川、重庆、云南

　　　　　孙武斌　13911163563　　北京、天津、广东、山西、海南、湖南、陕西

　　　　　朱赛亮　13691332028　　江苏、安徽、山东、广西、宁夏、新疆

　　　　　卫　飞　18611888820　　浙江、上海、河南、青海、湖北、甘肃、西藏

　　　　　平　川　13810848635　　河北、吉林、黑龙江、内蒙古、辽宁

　　　　　朱永玲　13501113035　　福建、江西、贵州

综合电话：010—58124852

网　　址：shcbs.mca.gov.cn

经　　销：新华书店

印刷装订　北京昌联印刷有限公司　　　开　　本：185 mm×260 mm　1/16

印　　张：9　　　　　　　　　　　　字　　数：200 千字

版　　次：2024 年 2 月第 2 版　　　　印　　次：2024 年 2 月第 1 次印刷

定　　价：38.00 元

社工图书专营店　　　中社文库微信公众号　　　中国社会出版社天猫旗舰店　　　中社在线微信公众号

本书作者

主　编：丁美方

副主编：齐　芳

成　员：郭小建　黄秋梅　古少玲　陈　露

目　录

附录　《社会工作实务（高级）》2019—2023 年真题及 2024 年模拟题

《社会工作实务（高级）》2019 年真题
答题思路分析与参考答案

第一题（案例必答题）

考题分析：

本题主要涉及的知识点是社会工作研究和矫正社会工作领域。考查考生对定性研究的理解和"研究计划书"的撰写能力，以及未成年人检察工作的内容。首先，要求考生理解掌握定性研究的特点与原则；其次，掌握"研究计划书"的基本结构；最后，如果考生对《关于构建未成年人检察工作社会支持体系的合作框架协议》的具体内容基本了解，那么就结合该框架协议的内容进行撰写。如果不了解具体内容，也应该使"研究计划书"的结构内容与该框架协议的结构内容相对应。

参考答案：

定性研究一般从研究准备—资料收集、整理和分析—研究总结 3 个阶段进行。根据定性研究的特点和原则，研究对象多采用非概率抽样方法选取，而且定性研究的资料收集、整理和分析基本上结合在一起进行，从而分析解释所获取的资料，达到对目标实现的总结和判断。

现拟订计划如下：

《关于构建未成年人检察工作社会支持体系的合作框架协议》项目调研计划

一、基本背景

2018 年 2 月，最高人民检察院、共青团中央签署了《关于构建未成年人检察工作社会支持体系的合作框架协议》（以下简称合作框架协议），向 40 家机构购买了社会工作服务。一年过去了，为了了解这个项目进展情况，对该项目进行专项调查。

二、需求评估

调研前对检察部门、团委、社会服务机构以及社会各界进行初步的需求评估，特别注意评估开展试点工作的 40 家社会组织所在地区、机构的规模与服务范围、他们的目标服务对象的特征、感觉性需求和表达性需求等信息。

三、调研目标

了解本项目的进展情况，通过专项调查掌握项目在推进过程中所存在的问题，并为提出解决方案提供依据。

四、实施策略

1. 通过购买的方式，获得某社会工作服务机构调研的服务，并抽取 20 家试点单位进行调研，最后形成调查报告和政策建议。

2. 通过观察法和访谈法进行定性的调查和研究。

五、调研内容（注：此部分内容要与合作框架协议的结构内容相对应。）

1. 合作框架协议的目标任务完成情况。

2. 合作流程的开展情况。

3. 试点工作的开展情况。

4. 合作内容的落实程度：

（1）完善未成年人的司法保护；

（2）加强青少年法治宣传和犯罪预防；

（3）强化未成年人权益保护；

（4）推动完善相关法律和政策。

5. 配套措施的落实情况：

（1）健全合作机制；

（2）培育工作力量；

（3）加大资金投入；

（4）完善政策保障。

六、经费管理

1. 经费预算：略。

2. 经费支出管控：略。

（注：此项内容虽为"略"，但是此项不能缺少，写出"经费管理"即得分。）

七、调研进度

主要描述时间进度，可以采用表格的形式：

序号	时间	任务名称	内容与要求	负责人	完成情况

八、附录

1. 结构式观察计划表。

2. 观察结果记录表。

3. 个人与小组访谈计划表。

4. 个人与小组访谈结果记录表。

5. 关于构建未成年人检察工作社会支持体系的合作框架协议。

九、参考资料：略。

第二题 （案例题选做一）

考题分析：

本题主要涉及的知识点是社区工作，考查考生对社区工作的目标、三大模式、社会工作者角色、社会工作者功能与介入策略的理解和应用。首先要理解社区工作目标包括任务目标和过程目标，任务目标包括问题解决、需求满足，过程目标即意识提升、关系改善和能力提高。其次要理解社会策划模式中的社会工作者角色和功能，包括技术专家、方案实施者；所发挥的功能包括资源整合、情感维系、社区管理等。最后要理解地区发展模式的策略，包括促进居民之间的交流、提供服务和发展资源、社区参与等。考生在掌握上述知识点的基础上，结合题干内容进行分析。

参考答案：

1. 社会工作者参与加装电梯过程中的服务目标。

服务目标包括任务目标和过程目标。本案例中的任务目标是解决老旧小区电梯的加装、使用和维护问题，从而形成社区治理新模式。过程目标是走访、了解居民差异化需求和意见；调动居民社区参与，促进志愿者队伍建设；开展民主协商议事，就自筹费用和社区资金达成协议。

2. 社会策划模式中的社会工作者角色及功能发挥。

社会策划模式也叫社会计划模式，是指在理性方法的指导下，依靠专家的意见和知识，在准确把握社会服务机构的使命、宗旨、政策、资源的基础上，确立社区工作目标，并在依循社区工作目标的引导下，从多个预选方案中选择一个最佳的工作方案，然后结合社区需要，动员和分配资源，并在工作过程中根据不断变化的实际情况随时修改计划，保障计划朝向预定目标前进，在工作结束时对计划执行情况加以总结反思，最终解决社区问题。

（1）社会工作者角色：技术专家、方案实施者。在本案例中，技术专家的角色，主要指收集老旧社区资料，进行老旧社区分析及诊断，并进行社会调查、资讯提供、组织运作及评估等工作；方案实施者的角色，主要指执行老旧社区加装电梯方案，与有关部门（社区党组织、居民委员会）、电梯安装服务商保持良好关系以利于方案的推动。

（2）功能发挥：需求评估、方案制订、方案执行、方案评估（展开论述），在组织、实施、评估中的功能。本案例中，社会工作者应该发挥的功能有：

①推动资源整合的功能：通过协助促进民主协商议事，整合居民的意见，将自筹资金和社区资金整合利用。

②安装电梯方案优化的功能：通过社会工作者角色的努力，收集整理各方有关电梯安装和使用的意见，最后实现方案优化的功能。

③提升心理支持和感情功能：通过协调社区居民与有关部门和服务商家的相互支持和互相帮助，满足双方感情和物质上的需要，有利于电梯安装、使用和维护过程中双方相互信赖、相互依存的认同感和归属感的提升。

④实现社区管理控制的功能：通过民主协商议事，达成协议，这个协议起到规章和公约的作用，有利于电梯安装、使用和维护等工作的有效执行。

3. 地区发展模式中运用的策略。

（1）促进居民之间的交流。案例中提到，社会工作者联系社区党委与居委会，通过走访社区居民，了解居民的差异化需求和意见，组织居民形成核心小组，促进居民之间的交流。

（2）提供服务和发展资源。就自筹费用和社区资金达成协议，帮助居民解决了电梯使用和后期维护方面的问题。

（3）社区参与。从审批安装到施工完成，经过1年的努力，为2个老楼区加装了电梯，解决了居民上下楼困难的问题，推进了居民志愿者队伍的建设，形成了社区治理新模式。

第三题 （案例题选做二）

考题分析：

本题主要涉及的知识点是个案工作、家庭社会工作和老年社会工作。考查考生对结构家庭治疗、病态家庭结构、家庭会议等知识的理解和应用。首先要了解病态家庭结构的类型，根据案例选择相关的类型并分析；其次要了解结构家庭治疗模式的内涵；最后结合案例分析解决问题家庭会议的技巧。

参考答案：

1. 病态家庭结构包括4种：（1）纠缠与疏离；（2）联合对抗；（3）三角缠；（4）倒三角。根据本案例所描述的情境，造成老王绝食问题的病态家庭结构有疏离、联合对抗和倒三角。疏离，主要表现为老王经常闹情绪，经常因为吃饭与妻子吵架，最终绝食；这种过分疏远的关系就属于疏离。联合对抗，主要表现为老王的妻子与儿女怕老王接受不了，联合向老王隐瞒病情，导致老王因不知道自己的身体情况而反复询问，并认为家人不愿意为其治疗，最终得知实情之后开始闹情绪，这些家庭成员之间所形成的联盟式的对抗，就属于联合对抗。倒三角，主要表现为老王家的权力结构倒置，最初是老王极有权威，后来颠倒了。

2. 依照结构式家庭治疗模式，在针对老王绝食的问题中，社会工作者开展的家庭会议，所运用的干预技巧，包括观察、聚焦、例子使用和再标签等。

（1）观察技巧是指运用系统记录实际行为表现的方式让受助家庭成员了解自己面临的问题以及改变的状况，从而帮助受助家庭成员随时调整自己的行为，增强行为的有效性。社会工作者介入时针对老王、妻子和子女的讨论，进行了记录。

（2）聚焦技巧是指社会二作者帮助受助家庭成员收窄注意的焦点，将受助家庭成员的注意力集中在需要解决的问题上，以便对问题进行深入的探索，保证服务介入活动的效率。家庭成员围绕老王的绝食问题进行讨论，这是聚焦。

（3）例子使用。社会工作者经常运用例子使用的技巧向受助家庭成员解释、描述和传递重要的信息和想法，让受助家庭成员了解困难解决的不同途径和经验，并且舒缓受助家庭成员的压力。老王的子女分别从不同角度去表达对父亲绝食的担心，体现了社会工作者对例子使用技巧的运用。

（4）再标签技巧则是指社会工作者帮助受助家庭成员从更为积极的角度界定问题，改变受助家庭成员以往的消极态度和认识，从而促使受助家庭成员产生新的、积极的行为。老王的大儿子对父亲隐瞒其病情是出于对父亲的担心。

第四题（案例题选做三）

考题分析：

本题主要涉及的知识点是妇女社会工作和社区社会工作，考查考生对妇女社会工作的性别分析方法、性别角色理论、性别需求和妇女社会工作基本原则，以及社会工作参与精准扶贫实践的理解和应用。首先要分析村寨传统习俗下女性与男性分工对妇女角色的影响，包括"男主外、女主内"、逆来顺受、压力大、参与能力低、地位低等；其次是了解性别角色理论，掌握妇女性别需求类型，从实用性性别需求和战略性性别需求的两个角度去分析；最后是回答妇女社会工作的基本原则。

参考答案：

1. 传统性别角色分工是"男主外、女主内"。男性主要外出打工，妇女在家主要带孩子、伺候老人、洗衣做饭等。这对妇女角色的影响有：

（1）逆来顺受。对当下的境况视为理所当然，个人意识、观念固化，没有改变的欲望，如案例中的妇女说"女人就是这命，生来就是照顾家的"。

（2）压力大。繁重的家务劳动负担、活动空间受限制，如案例中的妇女在家主要带孩子、伺候老人、洗衣做饭等，压力大。

（3）能力低。忙于生计，虽有技能但未能充分发挥。案例中的妇女都会自己民族的刺绣，能够绣出精美的作品，但仅限于打发闲暇时间，使女性个人优势和潜能难以发挥。

（4）参与度低。村里的事情由村主任说了算，妇女缺乏权利和地位。案例中妇女说："村寨的事就让村主任说了算就好。"

2. 运用性别角色理论进行分析，女性的性别需求主要有：

（1）实用性社会性别需求和战略性社会性别需求两种。实用性社会性别需求指的是社会生活中妇女就其社会承认的角色而确定需要，是妇女的实际需要，包括水、健康、就业等。这里主要包括：①评估妇女需求。②组织妇女成立合作社。③开发当地资源，如妇女的刺绣技能，竹笋、大量野生的莼菜，以及彩橙。④开展培训、提升技能。⑤帮助妇女建立销售渠道，满足妇女的生计发展。

（2）战略性社会性别需求指的是由于妇女在社会中的从属地位产生的需求，涉及分工模式、权利等，满足这类需求可以协助妇女取得更多权利，改变现存的分工模式和角色，挑战妇女的从属地位，如妇女的社会参与、教育等。这里主要包括：①建立关系：建立信任、真诚、平等的关系在妇女服务中非常重要。②协助妇女重新界定问题，提升意识。③发掘妇女自身潜能，联络村寨周围的资源，解决所面对的问题。④协助有相似处境的妇女建立支持小组。⑤从村寨、社区层面，利用各种仪式、节日、突发事件等契机进行宣传教育。⑥利用各种机会将性别意识纳入其中，提升妇女意识和觉醒；促进妇女的社会事务参与。

3. 妇女社会工作的原则：

（1）承认妇女的多样性以及工作视角的多样性。

（2）尊重妇女，将其视为独立的个体，而不只是家庭角色的扮演者。

（3）了解、理解、接纳妇女的现实处境和她们的生存选择。

（4）认识到妇女本身的三富资源，她们有能力处理自己的问题。

（5）妇女是发展的主体，不是客体。

（6）增加妇女的资源和选择的多样性。

（7）将个体与群体联结起来，促进妇女之间的互助，特别是具有类似经历的妇女。

（8）妇女问题的解决需要多视角结合、多机构合作。

（9）社会工作者与服务对象之间是平等的救助关系。

第五题 （论述题选做一）

考题分析：

本题主要涉及的知识点是社会工作理论和社区社会工作。主要考查考生对增能理论、社会工作参与精准扶贫实践的知识的理解掌握。论述题的答题思路，首先是要论述社会工作参与脱贫攻坚的意义。其次要分析增能理论的内涵，尤其是无力感产生的 3 个原因、增能的 3 个层次。最后要分析社会工作参与脱贫攻坚应注意的问题：一是坚持社会工作的基本原则（党的领导、社会主义核心价值观引领、以人民为中心的理念，社会工作职业化、专业化及本土化的发展路径）；二是熟悉相关政策和资源；三是运用专业方法。重点在于了解村民无力感产生的原因，社会环境及改变意愿等。要提出具体的可用资源及介入策略：从个人、人际和环境层次介入，改变村民认知、提升村民能力、建立相互促进的人际氛围，形成可持续发展的脱贫之路，资源包括社会工作者、村民、扶贫干部、农技站成员、扶贫政策等。

参考答案：

1. 增强权能是指增强人的权利和能力。增强权能的社会工作取向认为，个人需求不足和问题的出现是环境对个人的压迫造成的，社会工作者为受助人提供帮助时应该着重于增强服务对象的权能，以对抗外在的环境和优势群体的压迫。增强权能的假设包括：个人的无力感（没有权能）是由于环境的压迫而产生的。社会环境中存在直接或间接的障碍，使个人无法实现他们的权能，但这种障碍是可以改变的。每个人都不缺少权能，但是，在现实生活中，许多人却缺乏权能。受助人是有能力、有价值的。社会工作者与服务对象的关系是一种合作性的伙伴关系。

2. 社会工作参与脱贫攻坚主要面临的基本问题包括：

（1）服务目标的问题：社会工作者应该协助服务对象确认自己是改变自己的媒介；应该重视服务对象的能力和缺陷；应该注重人与环境这两个工作焦点；确认服务对象是积极的主体，告知其应有的权利、责任、需求及申诉渠道；以专业伦理为依据，有意识地选择长期处于"缺权"状态中的贫困人员脱贫。

（2）服务原则的问题：根据增强权能理论的要求，社会工作在脱贫攻坚中应该遵循如下原则：一是所有压迫对于人们的生活都是破坏性的，社会工作者和服务对象应该挑战环境的压迫；二是社会工作者应该对压迫的环境采用整体视角；三是特困人员自己要增强自己的权能，社会工作者只是协助者；四是推动具有共同基础的特困人员相互增加权能；五是社会工作者与服务对象之间应建立互惠关系；六是社会工作者应该鼓励服务对象以自己的语言进行表达；七是社会工作者应该坚信特困人员是胜利者而非受害者；八是社会工作者应该聚焦于社会持续不断的变迁；九是在社会工作服务实践中，社会工作者与服务对象是一种双向合作关系。

（3）服务中平等关系的问题：在脱贫攻坚工作中，增强权能的理论要求社会工作者应避免以权威的姿态出现，而是要与服务对象建立平等的伙伴关系，看重服务对象的长处、服务对象的主体地位和个人价值。

3. 脱贫攻坚中社会工作者可利用的资源包括从社会支持网络的角度分为正式资源和非正式资源。正式资源包括：利用制度忙的资源，如政府出台的各项政策、法规等；非正式资源包括：志愿者团队或者社会公益组织的捐赠等。从自然资源的角度分为不可再生资源，如各种矿产的开发；可再生资源，如生物、植物、水、土地资源等；还有取之不尽的资源，如风力、太阳能等。脱贫攻坚工作中可以充分利用可再生资源和取之不尽的资源。从社区、家庭和个人的角度，也有很多资源可以开发利用。

针对脱贫攻坚，社会工作者的介入策略包括：与服务对象建立合作关系，满足服务对象眼前的需要，包括联结服务对象所需的资源、开始促进意识觉醒、寻找和申请资源；教授技巧和知识，并评估服务对象的权能动态机制，包括各类小组或团体的活动；集体行动，旨在形成集体、参与倡导或进行社会行动；还可以具体表现为协助服务对象申请适合的扶贫项目，协助服务对象是升反贫困的能力，促进服务对象的社会融合与社会支持，疏导和解决服务对象的心理困扰等策略；在农村社区脱贫攻坚工作上，更应该强调执行国家扶贫开发相关政策，使政策更好地惠及贫困人口；在一些地区开展促进农村生计发展的社会工作服务项目，如小额贷款项目、以能力建设和资产建设为核心的农村社区发展项目等。

第六题（论述题选做二）

考题分析：

本题主要涉及的知识点是社会工作实务的通用过程模式。考查考生对4个基本系统的理解和应用。首先是要了解4个基本系统的组成的社会工作实践模式；其次要阐明4个基本系统的含义；再次是用理论联系实际阐述服务对象系统和目标系统的关系；最后要说明4个基本系统对我国社会工作实践的启示。

参考答案：

1. 4个基本系统的含义。

（1）改变媒介系统：指受雇于政府、非营利机构、组织和社区中的社会工作者，是"有计划变迁"的具体操作者，在"问题—解决"的改变过程中是促使服务对象发生改变的媒介。改变媒介促使个人完成生命任务及系统应对问题的能力提高，促进服务对象与资源系统之间良性互动，达到计划变迁的目标。

（2）服务对象系统：指社会工作服务的对象，也是社会工作服务的直接受益人。服务对象系统可以是个人、家庭、团体、组织或社区。辨别服务对象的类型，弄清楚服务对象是如何来社会工作服务机构求助的，是提供服务的第一步。

（3）目标系统：指为了达到改变服务对象系统的目的需要改变和影响的系统。服务对象系统并不总是为了达到改变目标而要被改变的系统，即服务对象系统并不一定就等于目标系统。

（4）行动系统：行动系统是指那些与社会工作者一起努力，实现改变目标的人，是社会工作者的合作者。为了实现与服务对象的协议，帮助服务对象达到改变的目标，社会工作者要进行各种努力，调动各种资源。在这个过程中，社会工作者不是孤立地努力进行这些改变，而是与服务对象有关的人和系统一起，形成一个行动系统。要随时研究、评估行动系统是否有效运作。当其不能发挥作用时，应及时研究原因，进行调整。

2. 服务对象系统与目标系统的关系。

社会通用过程模式的4个基本系统，为社会工作者的助人活动提供了工作的介入蓝图。在社会工作的助人过程中，这4个基本系统不断互动，从而达到助人的目标。一般来说，目标系统大于服务对象系统，而且具有时效性，随问题的发展而变化。服务对象系统与目标系统有时是一致的，有时是不一致的，有时还可能是交叉的。例如在开展上网成瘾的青少年服务时，青少年是服务对象系统，青少年的家长是目标系统。而当发现青少年上网成瘾与家长养育方法有密切关联时，家长可能会成为服务对象系统，接受社会工作者的专业服务去改变其养育方式。

3. 4个基本系统对我国社会工作实践的启示。

（1）帮助社会工作者识别出改变服务对象系统所必须完成的一般任务。

（2）使社会工作者懂得，需要改变的不只是服务对象系统。社会工作者不能假设求助的人就是主要的介入目标，因为服务对象系统不一定与目标系统完全吻合。

（3）行动系统的规模或组成只有在确立了改变的目标系统之后才能确定。

（4）社会工作者必须与不同的系统建立关系，与一个系统工作所需的知识和技巧不一定适用于其他系统，与不同规模和类型的系统工作需要掌握更专门化的知识。

（5）组织作为一个系统，在改变过程中常常扮演着重要的角色。除了个人、群体和社区以外，组织也会成为社会工作者处理问题时的改变目标。

（6）因为行动系统在整个改变过程中起着至关重要的作用，所以社会工作者需要不断诊断行动系统的情况。

《社会工作实务（高级）》2020年真题
答题思路分析与参考答案

第一题（案例必答题）

考题分析：

本题主要涉及的知识点是社会工作理论、残疾人社会工作以及家庭社会工作。主要考查考生对优势视角、家庭系统理论以及社区康复的相关知识的理解和应用。首先要求考生掌握相关理论的内涵，如优势视角理论中的优势与缺失，家庭系统理论中的家庭问题的成因、家庭危机与机遇等；其次要掌握方案的基本格式，方案名称、背景、理论依据、目的、内容、方法等；最后要将理论应用到方案设计之中，用理论框架来设计具体的方案策略。

参考答案：

1. 问题的陈述与分析。

22岁的小刘，因创业失败后受打击而患上精神疾病。经治疗后有好转，面临着康复、就业、人际交往等问题：一是仍需吃药，导致记忆力下降；二是父母面对小刘康复和就业的意见不统一，父亲让他出去上班，母亲觉得小刘还需要康复治疗，主张让小刘继续居家治疗；三是小刘的就业观念问题，小刘害怕邻居笑话，依然想自己创业。

2. 理论依据。

运用优势视角理论和家庭系统理论，设计并开展相关服务。优势视角强调：每个人、团体、家庭、社区都有优势；创伤/虐待/疾病/抗争具有伤害性，但同时也是挑战和机遇；与服务对象合作；所有的环境都充满资源，只有以优势的视角去挖掘，这些资源才能发挥作用；建立真诚平等合作的专业关系。

家庭系统理论强调：人既需要伙伴，又需要独立自主，需要在两者间进行平衡；人们内在的对父母的不满如果没有机会处理的话，会不断投射到其他人身上去。

结合案例，我们需要充分利用两种理论视角：

（1）不以问题视角定位小刘，应注重发掘小刘及其家庭的资源与优势，寻找其特殊的经历以及由此经历所带来的特别的资源：有动力、有经验，有家人支持。

（2）家庭系统视角：小刘的家庭沟通出现问题，父母的观点并不一致。这个问题可以解决，且这个问题是一个机会，对于整个家庭的健康而言，更为重要的是，家庭不仅有内在的小系统，还有外在的大系统，即与社区环境的关系。

3. 方案设计。

（1）方案名称：天生我材必有用。

（2）方案目的：通过改善亲子关系和就业观念，提升小刘的就业技能，使其恢复正常的生活。

（3）方案策略：

①利用社区康复资源，提供康复治疗及康复训练，改善小刘的记忆力状况。

②利用家庭成员加强治疗依从，如父母协助小刘定期服药。

③制订家庭系统调整计划，修正家庭沟通分歧，改善家庭沟通状况，化原有的冲突式沟通为协调性沟通，从而推动家庭内部互动的健康循环。

④创造社会互动与交往机会，鼓励小刘积极康复，重回原有的有动机、有行动的生活路径。

⑤参与社区职业培训及创业机会，充分了解并利用就业优惠政策，推动职业康复过程。

⑥改善家庭与外界系统的沟通，如与舅舅、社区其他主体如邻居、社区中的专业社会工作者等，促使家庭在大的社区环境中进行广泛社区参与等。

（4）方案执行：整合资源、提供服务、监督执行进度、处理亲子关系、促进康复等。

（5）方案评估：包括评估方案的执行情况、家庭成员对各项服务项目的满意度、小刘对相关活动的满意度，以及介入效果评估。

第二题 （案例题选做一）

考题分析：

本题主要涉及的知识点是社会工作概述和社区工作。考查考生对社区工作的任务、社会工作者角色、社区工作目标等相关知识的理解和应用。首先要求考生对社区工作的任务及社区问题有个认识；其次是社区工作的目标包括任务目标、过程目标，结合案例分析；最后是结合社会工作者的角色来分析社会工作者在业委会换届和培育工作中发挥的作用。

参考答案：

1. 从紧迫性和重要性角度，解决当前问题的先后顺序是：

（1）启动特别程序动用维修基金修复电梯，解决老人下楼看病问题。

（2）组织推动业委会换届工作。

（3）推动社区参与，在业委会带领下完成社区问题改善：修复房屋漏水问题、外墙整饰、垃圾分类定点定时投放及外来人口违规居住问题。

2. 根据案例，任务目标和过程目标分别是：

（1）任务目标：做好社区物业维护修理与社区管理等工作，具体包括：房屋漏水、电梯维修、外墙整饰、外来人口楼道安家整治及社区业委会正常运作。

（2）过程目标：

①推动居民积极参与成立临时业委会，并启动维修基金的紧急使用工作。

②做好提高社区居民环境卫生意识宣传工作。

③动员社区居民对于社区维修进行监督反馈。

④推动社区居民自治自管工作，提升社区参与度与社区归属感，培养社区积极分子。

⑤提升社区组织如业委会的组织运作管理能力。

3. 社会工作者在业委会换届和培育工作中通过如下角色发挥作用：

（1）教育者。换届及培育过程中需要服务对象知晓换届程序以及竞选流程与竞选组织安排能力，社会工作者可以通过教育方式传递此方面知识。

（2）使能者与支持者。换届与培育业委会工作过程中，需要全员动员即更多的居民积极参与整个过程。社会工作者需要支持且赋权给居民使之有信心、有意愿、有动力参与业委会工作。

（3）资源链接者。换届工作过程中需要大量的资源支持，社会工作者可以通过资源链接者角色帮助业委会完成换届过程中的后勤保障等工作。

（4）协调者。主要是不同利益与行动主体之间的关系的协调，包括物业、业主及社区及社区内的企业组织等之间的关系的协调与润滑。

（5）倡导者。主要指提供新的行动模式及行动方向的建议，但仅仅是建议并不是决策与决定。

第三题 （案例题选做二）
考题分析：

本题主要涉及的知识点是社会工作督导。考查考生对督导类型、督导方式、督导的优缺点等相关知识的理解和应用。首先要求考生对社会工作督导的行政性督导、教育性督导、支持性督导3种类型的内容有一定的了解；其次是要掌握个别督导、团体督导、同辈督导3种方式的内容；最后是对3种督导方式的优缺点进行比较。

参考答案：

1. （1）特殊群体在新型冠状病毒感染期间的特殊情绪。

（2）病患家庭的哀伤情绪。

（3）新型冠状病毒感染知识宣传及政策宣传。

（4）社会工作者群体的支持性督导（精力不济、专业知识不足及抗压力不足等带来的情绪反应）。

（5）社会工作者机构突发情况下的服务设计。

2. 个别督导：一对一也就是一名督导面对一名社会工作者。

小组督导：一对多也就是一名督导面对一群社会工作者。

同辈督导：前线社会工作者彼此之间的相互支持与经验分享。

点对点督导：一个督导团队面对一个隔离区或者一家机构。

3. （1）个别督导的优点：一是督导者和被督导者能够在不受任何干扰的情况下决定和解决服务对象的某一问题，督导者也有充分的时间与被督导者就服务个案进行充分的讨论，督导过程有较高的隐秘性。二是督导者可以比较仔细地检查被督导者的工作记录，掌握工作进度，同时也可以概括地了解被督导者的情况，确定被督导者能承受服务的数量。三是个别督导本质上也是个别咨询的过程，所以督导者可以向被督导者提供充分、有效的服务示范。

个别督导也存在一些不足：一是被督导者仅仅接收一名督导者的信息，这些信息可能有时无助于被督导者的服务，甚至这些指导信息是有偏差的。二是督导者和被督导者过于紧密地分享彼此共同的观点，容易在不知不觉中发展成共同谋划的关系。三是被督导者没有机会接触其他的督导者，因此无法比较同一服务阶段、不同督导者的处理策略和技巧。

（2）团体督导的优点：一是对每一名被督导者的服务个案都会有大量的信息传递和不同观点的碰撞，而各种不同的观点可以矫正单一督导可能产生的偏见和盲点。二是被督导者有机会向其他被督导同事学习如何处理他们的服务个案，有机会聆听、分享和学习其他被督导同事处理各种服务对象问题时的工作经验。三是团体方式可以提供机会进行充分的角色扮演。四是节省时间、经费和专业人力。

团体督导也存在一些不足：一是每名被督导者接受督导的时间不足，无法对细节进行讨论。二是被督导者有较多机会隐藏和忽视自己的问题，被督导者也可能会有意或无意地与他人竞争。三是每一名被督导者对个案服务都有不同的观点，因而也容易产生冲突，或出现一些没有价值的观点。四是团体督导的隐秘性较低。

（3）同辈督导的优点：一是在督导过程中，专家的权威降到最低，没有权威现象。二是参与者可以在最方便的时间组织和安排督导会议。三是这种督导不需要付费。四是对于非常有经验的社会工作者，选择同辈督导方式更容易有收获。

同辈督导也存在一些不足：如每名成员都没有最终的权利和义务；参与的成员会彼此避免与他人的争论；有时参与的成员缺乏必要的经验和技术，无法与他人分享；团体成员有时也会彼此形成同谋。

（4）点对点督导的优点：一对一，特别专业，投入时间长，针对性特别强，能够及时回应；24小时服务；对督导要求比较高，24小时全程线上服务，服务具有即时性。

点对点督导也存在一些不足：人力消耗特别大；没有办法现场示范；督导准备的时间不充裕。

第四题 （案例题选做三）

考题分析：

本题主要涉及的知识点是叙事治疗方法，属于高级社会工作实务的考试大纲要求，这也提醒考生在复习时，一定要依据考试大纲去复习，特别是考试大纲上要求的十大理论，要通过查阅资料，阅读社会工作理论等相关书籍来补充，不能仅仅以中级教材来复习。

参考答案：

1. 叙事治疗方法"问题外化"技巧。

问题外化：叙事治疗将"人"与"问题"分开，避免为当事人贴上负面的标签，削弱其面对问题的意愿与能力，同时拒绝当事人以"我就是这样的人"为借口，进而学习承担改变的责任。

当事人寻求协助时，所有的思绪、感觉都沉浸在问题中，他们往往不认为自己是可以改变或可以选择的；通过"问题外化"的厘清过程，当事人有机会从不同的角度，重新认识自己所面临的处境或问题，也因此带来改变的契机。

（1）什么样的人或事会让你感觉到压力出现？

当孩子成绩下滑，先生回到家却没有人照顾他时，我就会感觉到压力来了。

（2）如果要用一个具体的形象来代表它，你会用什么来描述它？

时不时会冒出来的念头，就像那种幽灵一样，围绕着你转来转去。

（3）如果这个幽灵能够说话，它会跟你说些什么？（厘清当事人是否有不合理或不适应的思考模式）

一个好妻子好妈妈，不给先生和孩子造成麻烦，能够好好照顾他们。你不是一个好妈妈；你，活着一点价值都没有。

（4）它所说的话及它的样子，会让你联想到生命中的哪些人或哪些经验？

我们那里女孩子做不好家务就会被批评，女孩子做不了家务做什么女孩子，将来怎么嫁人？就会被骂。男人都是在外面做事情的，女人就需要做好家里所有的一切，否则就不如死了算了。

（5）当它出现时，你会有哪些不同或改变？

就待在一个角落里，什么都不想干，谁都不想理。

（6）它的出现，让你最不舒服或是最不喜欢的影响是：

它一出现，我就知道我要做好做好再做好，可是我有时候实在做不好，怎么也做不好，我就会恨自己，就想死掉算了，活着干吗呢？但是有时候我又会很愤怒，我永远都要这样子满足别人吗？这什么时候是个头呢？所以很多时候都是在自责与愤怒中，也有很多的困扰。

（7）它的出现，曾经为你带来哪些好处？

我躲在那些角落里，可以待很久很久，就一直在琢磨人活着到底是为什么。虽然也想不清楚，可是好像暂时不用去看别人眼色、去满足别人要求了，倒也是能够清静一会儿。

（8）听起来这个幽灵陪伴你这么久，给你带来很多麻烦，但好像也给你带来一些好处。

是啊，如果这个幽灵只带来好处，不带来坏处该有多好。

2. 叙事治疗方法在帮助刘女士过程中的积极功能。

（1）问题的外化与解构，帮助刘女士重建自己的生命故事，重塑经验，寻找内在资源，开发更多可能性。

（2）激发刘女士寻找生命动力及自信，增强自我效能。

（3）帮助刘女士认识到人不再是问题，问题才是问题。要解决的是问题而不是人。

第五题（论述题选做一）

考题分析：

本题主要涉及知识点是社会工作理论，以及个案工作。主要考查考生对心理社会治疗模式理论的理解和应用。具体包括心理社会治疗模式的渊源、核心、服务范围与局限性。教材中均有对应的内容。考生只需要按照问题进行相关知识点的罗列，并进行综述分析即可。

参考答案：

1. 心理社会治疗模式的渊源。

心理社会治疗模式是最基本的个案工作服务模式之一。

1930年，美国史密斯学院的汉金斯（Frank Hankins）首次使用"心理社会"这个概念。

1937年，美国哥伦比亚大学的汉密尔顿（Gordon Hamilton）系统地阐述了心理社会治疗模式的有关理论。

1964年，美国哥伦比亚大学的霍利斯（Florence Hollis）综合各种有关理论把心理社会治疗模式加以发扬光大，正式出版了心理社会治疗模式的代表作《个案工作：一种心理社会理论》，把心理社会作为这种治疗模式的概括，强调这种治疗模式具有双重焦点，既关注心理，也关注社会。

2. 心理社会治疗模式的核心。

心理社会治疗模式的理论始终围绕一个核心：心理因素和社会因素之间的关联，包括内部的心理、外部的环境以及两者之间的相互影响3个方面。无论是资料的收集和分析，还是问题的诊断和治疗，心理社会治疗模式都从个人与环境之间的关系着手，了解两者之间失去平衡的原因，并且找到建立新平衡的方法。心理社会治疗模式将个人与环境之间的这种关系概括为"人在情境中"，要求社会工作者既需要深入个人的内心，了解他（她）的感受、想法和需求，还需要仔细观察周围环境对他（她）施加的影响，分析个人适应环境的具体过程。心理社会治疗模式的理论假设主要包括以下4个方面：

（1）对人的成长发展的假设。心理社会治疗模式认为人生活在特定的社会环境中，涉及生理、心理和社会3个方面因素的影响。这3个方面的因素相互作用，共同推动个人的成长和发展。

（2）对服务对象问题的假设。心理社会治疗模式假设，服务对象问题产生的原因可以概括为3个方面：不良的现实生活环境、不成熟或者有缺陷的自我和超我功能，以及过分严厉的自我防卫机制和超我功能。

（3）对人际沟通的假设。心理社会治疗模式十分重视人际沟通交流的状况，认为它是保证人与人之间进行有效沟通交流的基础，也是形成个人健康人格的重要条件。

（4）对人的价值的假设。心理社会治疗模式坚持认为每个人都是有价值的，即使是暂时面临困扰的服务对象，也具有自身有待开发的潜能。心理社会治疗模式的目标就是帮助服务对象发掘自己的潜在能力，促进自身健康的成长。

3. 心理社会治疗模式的服务范围与局限性。

服务范围：

把服务对象放回到具体的人际交往的场景中，并把服务对象目前的内心冲突与以往的经历联系起来，才能准确揭示服务对象困扰产生的真正原因，并能够为其寻找到突破与转化路径。

局限性：

专业属性较为模糊：心理学及社会工作、社会学的内容都广泛涉及，而对于心理、社会的双聚焦让整个分析不断泛化，极大增加了把握与操作的难度。

操作手法复杂且指引思路不够清晰：在直接与间接、反思性及非反思性治疗技术下，以及3种不同的反思类型下的操作，手法内容过于繁复，各手法背后的指引理论彼此之间关系也不够清晰，导致操作者对于自己的定位、立场等都不能够清晰把握。

对于过往生命经验中的影响过于重视，也就是对人格及潜意识部分的关注过多，导致在现实社会生活的当下对困扰与影响性因素着墨不多，有较强的精神分析倾向性。整体而言，太包罗万象以致失去了重点与聚焦。

第六题 （论述题选做二）

考题分析：

本题主要涉及的知识点是社会救助有关内容，但并不能完全从社会救助社会工作领域中找到相关知识点。考生必须要对党中央关于社会救助的重大举措、政策和具体实施等内容有一定的积累。这也提醒考生需要认真积累、领会与社会工作、社会服务有关的政策、时事、热点问题等，把握党和国家关注的民生热点问题，并根据政策和服务实施情况进行归纳总结即可。

参考答案：

1. 从理论和实践的角度分析社会救助社会工作在解决相对贫困中发挥的作用。

中国在 2020 年全面消除绝对贫困之后，贫困问题由绝对贫困转向相对贫困。由于中国相对贫困现象较为突出，这使得相应的社会救助社会工作将长期存在，并将在提升改善相对贫困人群的生活福祉上发挥重要的作用。

（1）理论中的功能。

①社会救助事关困难群众基本生活和衣食冷暖，是保障基本民生、促进社会公平、维护社会稳定的兜底性、基础性制度安排。

②社会救助与脱贫攻坚是执政党以人为本的执政理念的集中表现，也是执政合法性的表现。社会救助社会工作从解决绝对贫困向解决相对贫困迈进，从一个侧面反映中国当前社会主要矛盾已经发生转变。

（2）实践中的功能。

①协助服务对象申请适合的救助项目。

②协助服务对象提升反相对贫困的能力。

③促进服务对象的社会融合与社会支持。

④疏导和解决服务对象的心理困扰。

2. 从政策倡导角度分析我国现行社会救助政策的缺陷并提出改进建议。

我国现行社会救助政策存在着的救助标准不高、救助机制不系统、专项救助不健全、急难社会救助不完善等缺陷。全面消除绝对贫困后，救助社会工作要根据需求特征的变化，作出相应改变。故救助社会工作需要根据服务人群的相对贫困程度与类型适当进行服务内容设计与调整，即政策倡导与政策建议就成为必需。同时，我们必须根据不同时期的需求变化来调整救助策略。

（1）需求变化。

绝对贫困期需求：

生理需求（衣食住行）。

安全需求（人身安全、健康保障、财产安全）。

社交需求（爱和归属感的情感需求）。

尊重需求（内部自我尊重需求、外部社会环境的尊重和认可的需求）。

自我实现需求（进一步发挥潜能，追求更高的人生境界）。

相对贫困期需求：

生理需求（衣食住行）。

安全需求（人身安全、健康保障、财产安全）。

社交需求（爱和归属感的情感需求）。

尊重需求（内部自我尊重需求、外部社会环境的尊重和认可的需求）。

自我实现需求（进一步发挥潜能，追求更高的人生境界）。

（2）政策倡导与政策建议内容。

①夯实基本生活救助：

完善基本生活救助制度；

规范基本生活救助标准；

调整机制加强分类动态管理。

②健全专项社会救助：

健全医疗救助制度；

健全教育救助制度；

健全住房救助制度；

健全就业救助制度；

健全受灾人员救助制度；

发展其他救助帮扶。

③完善急难社会救助：

强化急难社会救助功能；

完善临时救助政策措施；

加强和改进生活无着流浪乞讨人员救助管理；

做好重大疫情等突发公共事件困难群众急难救助工作。

《社会工作实务（高级）》2021年真题
答题思路分析与参考答案

第一题（案例分析题）
考题分析：

本题主要涉及的知识点是个案工作、小组工作以及家庭社会工作领域。考查考生对理性情绪治疗模式的内涵，以及小组计划书的撰写、家庭教育指导内容的认识。首先，要求考生理解理性情绪治疗模式的定义、ABC 理论的具体内涵，帮助找出家长存在的非理性信念；其次，要掌握家庭教育指导的内容，结合案例中亲子关系紧张的情况，梳理亲子关系建设的内容要点；最后，按照小组计划书的框架要求，结合案例，撰写符合要求的小组计划书。

参考答案：

1. 理性情绪治疗模式的定义和内容。

（1）定义：理性情绪治疗模式的定义是美国心理学家艾利斯（Albert Elllis）根据自己多年的临床经验为基础提出的。由于对当时流行的心理分析方法和行为治疗模式的不满，艾利斯开始尝试创立自己的理性情绪治疗模式，从服务对象的理性、情绪和行为等方面着手，彻底消除服务对象在情绪和行为上表现出的困扰。

（2）内容：认为人天生就有一种不断追求成长发展的趋向。该趋向有两种不同倾向：一是发展出健康、理性的生活方式；另一种则发展出不良的、非理性的生活方式。而人的自由选择是相对的，受到环境和周围他人的影响。理性情绪治疗模式以 ABC 理论为基础，具体内容包括：

A 代表引发事件（Activating events），是指服务对象所遇到的当前发生的事件；B 代表服务对象的信念（Beliefs），是指服务对象对当前所遭遇事件的认识和评价；C 代表引发事件之后出现的各种认知、情绪和行为（Consequences）。

一般理论认为：A 直接导致 C；但本理论指出：认知、情绪和行为的反应受到服务对象的信念的影响。如果用一些非理性的信念看待引发事件，这种非理性信念就会促使服务对象情绪和行为上出现困扰。

（3）非理性信念三类型。

绝对化：自己的要求过高，希望自己的生活完美无缺；

普遍化：把自己对某件事情的看法概括为所有事物的普遍特性，如经历几次失败之后，认为自己天生就是笨；

抽象化：把具体场景中得出的经验抽象为一般的准则，例如强调如果自己尊重别人，别人就会尊重自己。

而判断理性与否的标准：面对客观刺激时产生的情绪与行为是健康的还是破坏性的。

2. 家庭教育指导小组计划书。

小组名称：情绪你我他，理性重筑家。

小组总目标：帮助涉罪未成年人家长认识自己的非理性信念，掌握理性看待孩子的问题的方法，帮助未成年人重拾信心，改善亲子关系。

小组具体目标：

（1）认识自身的情绪反应特点，梳理自身情绪反应带来的影响；

（2）反思自身情绪反应背后的非理性信念，并与之辩论；

（3）建立或替换原有的非理性信念小组成员。

小组成员及面临的问题：

涉罪未成年人家长 10 名。他们普遍存在：对涉罪未成年人的失望、否定态度，认为涉罪未成年人无可救药，同时感觉自己抬不起头等心理问题。

小组频率：每周 1 节，每次 1.5 小时，共 5 节。

小组时间：2021 年 10—11 月，逢周六下午 2：30—4：00 举行。

小组总体设计：

节次	主题	内容	时间（分）	家庭作业
1	认识情绪	1. 认识与破冰 2. 小组契约与规则 3. 组员期待与小组任务澄清 4. 认识情绪——情绪呈现与学习（视频观摩） 5. 自我情绪分享与体验	90	自我情绪的觉察与记录
2	我手画我心	1. 游戏：情绪自画像 2. 本周自我情绪回顾与分享情绪的好坏之分：理性 VS 非理性——情感体验与标准探讨分享 3. 自我情绪的理性判断——案例研讨	90	自我情绪理性与否 VS 个人情绪的健康
3	不同的路不同的心	1. 作业分享与回顾——自我情绪分类与个人情绪体验 2. 自我非理性情绪的辩论与重建（孩子必须是完美无缺的吗？犯了一次错就永远都会犯错吗？其他人肯定嘲笑我了？） 3. 理性信念重建与替换	90	非理性信念的自我辩论
4	孩子，我对你说	1. 游戏：父子同心 其利断金——亲子合作大挑战 2. 父子对对碰：孩子，我对你说 3. 温情时刻：父子同盟	90	父子合作：践行与反馈
5	我的情绪我做主	1. 游戏——我的情绪我做主 2. 小组回顾与总结 3. 未来展望	90	小组表现评价

第二题 （案例分析题）

考题分析：

本题主要涉及的知识点是社区工作、社会工作研究、社会工作通用过程和社区社会工作。主要考查考生对社区工作模式中的社会策划模式的内涵，以及收集资料的方法、机构在开展服务的不同阶段，与各方合作关系的建立的知识。首先，考生要熟悉社会策划模式，并将其定义和理论侵设的内容准确表达；其次，要掌握收集资料的各种方法，并结合案例选取相关方法，并对方法的优缺点进行分析；最后，要罗列机构在服务过程中的不同阶段，与各方建立合作关系的方法。

参考答案：

1. 社会策划模式的定义和理论侵设。

社会计划也叫社会策划模式，是指在理性方法指导下，依靠专家的意见和知识，在准确把握社会服务机构的使命、宗旨、政策、资源的基础上，确立社区工作目标，并依循社区工作目标的引导，从多个预选方案中选择一个最佳的工作方案，然后结合社区需要，动员和分配资源，并在工作过程中根据不断变化的实际状况随时修改计划，保障计划朝向预定目标前进，在工作结束时对计划执行情况加以总结和反思，最终解决社区问题。

社会策划模式的基本假设：

（1）对社区及社会构成的假设。社会策划模式下的关于社区和社会的假设，是典型的系统功能主义的社会观。认为社区或社会系统是建立在个人之上，而又相对客观、独立的一个系统整体，有自己的边界，有自己的平衡机制，有自己的分化增长机制，各个子系统通过能量交换实现自己的功能。当有外部冲击的时候，会带来社会系统的失衡，但是系统会通过调整渐渐恢复平衡，并提升原来的系统平衡的水平。同时，其假设社会问题可以通过渐进的方式解决，即承认人类的能力是有限的，不可能完全客观地应对复杂的社会问题，所以强调渐进式的策划。这种模式正视资源、权力、技术等因素的限制，承认政治因素随时可能影响清晰并有长远目标的计划。

（2）关于社区发展和变迁的假设。社会策划模式主张通过对社会发展规律的系统研究，掌握社会发展的内在规律，然后统一计划、管理，促进社会的发展和变迁，或者说是有计划、有组织地控制和引导社会发展。其假设在一个复杂的社会环境下，要达到社区变迁，必须依靠专业人员和专业技术，即专门的计划者通过技术的运作，推动复杂的社区变迁。计划者设计各种计划与制度，并通过有效的方式加以执行，将各种服务输送给有需要的人群。

（3）对个人及其个体行为动机的假设。在社会策划模式下，认为人都是理性的，人是理性追求自我利益最大化的，人际关系一般都是理性选择的工具性交换关系。因此，人具有认识能力和行动能力。人会在价值、利益等诱导下理性地追求个人、社会利益的最大化增长，而且人必须进行管理和规范。这样才能带来社会的秩序和合力，否则人的理性自私的动机会带来社会的混乱和人际的冲突，甚至过激行为。因此，社会计划模式崇尚理性的力量，强调在进行选择与决定时要有清晰的目标和假设，运用连贯一致的决策标准，系统而详尽地考虑事实，用客观存在的缘由和逻辑去分析各个可行方案并估量其后果，最终作出理想的决定。

2. 该机构运用了哪些收集资料的方法，每种方法的优缺点是什么？

结合案例，机构运用了如下收集资料的方法：

（1）观察法——开展实地调查查看问题，拍摄小区老旧设施现状照片。

优点：客观真实形象具体，且简便易行，可了解背景及事件的过程信息，可发现未报告的隐秘资料，丰富资料的广度和深度。

缺点：费时费力，难以控制具体情境，有些资料可遇而不可求。利用感觉器官收集资料，有时会出现"观察者偏差"，不能保证资料的客观性。属于定性研究，应用范围有限。

（2）访谈法——入户走访了解居民的困难和感受。

优点：适用于实地研究，尤其是个案研究。适应面广、弹性大，可以当面互动，有利于发挥双方主动性和创造性，对变化也可及时回应，可获得较深入的资料。

缺点：主观作用强、规模小，不便涉及敏感性问题。

（3）焦点小组——召开座谈会征集居民的看法和建议等。

优点：激发团体动力，通过多层次互动，启发、补充、修正与主题相关的资料。

缺点：有群体压力，对敏感问题收集效果有限。对焦点控制技术有一定要求。

3. 该机构在进入社区、策划和实施服务方案过程中如何与社区党组织、社区居委会建立合作关系。

社会工作者在工作中需要经常与辖区政府部门、非政府组织以及居民团体等各种组织打交道，获取它们在政策、资金、场地、人力和舆论等方面的支持和援助，解决社区的问题，满足社区的需求。强大而完整的社区支持网络是社会服务机构在社区中正常顺利开展工作的基础与保障。

（1）机构作为生态系统的一员，需不断发展并维持稳定持续的组织网络。故社会工作者要了解与不同的组织建立和发展关系的准则和方法。

①了解各类组织的性质与运作状况。

②分析组织之间的关系，明确自己在网络中的位置，把握组织间交往的准则（资源交换、权力依赖、授权关系等，关系不同，交往方式亦不同）。

③把握组织间的交往准则，要尽早与各组织交往，了解各自可获得的利益，树立利益共享观念、交往各方可以签订合作协议、注意主动维系组织间的交往关系。

④活用组织接触的技巧，注意组织形象的平衡和统一；增加接触的机会；求同存异，加强沟通。

（2）机构在服务不同阶段与各方建立合作关系的具体做法。

①在进入社区时：认识社区党组织、社区居委会的性质、功能，自我推介组织的形

象与定位，寻求合作空间与机会，保持持续性互动与联系。

②策划方案时：与社区党组织、社区居委会保持密切联系，激活与链接组织的资源及舆论支持，并寻求其持续性保障。

③实施服务时：调动社区党组织、社区居委会的资源以服务社区，同时根据各类组织的目的，适当性地满足其需求，为持续性互惠合作关系奠定基础。

第三题 （案例分析题）

考题分析：

本题主要涉及的知识点是社会工作理论和社区工作。主要考查社区工作技巧中的发展社会支持网络的技巧的知识。首先，考生要理解社会支持网络理论的内涵，包括社会支持网络的定义、类型等；其次，要掌握社会支持网络的建立方法和技巧；最后，结合案例内容分析具体社区网络支持的功能。

参考答案：

1. 社会支持网络的定义和类型。

社会支持网络指的是个人与其他个人、组织和机构之间的直接联系，通过这些联系，个人获得情绪、物质、服务、信息等方面的支持。一个人所拥有的社会支持网络越强大，就越能够更好地应对各种来自环境的挑战。而社会支持网络的强大取决于两个维度：一是社会支持网络的广度，即网络中的个人、组织和机构的数量；二是社会支持网络的强度，即网络中的这些个人、组织和机构所能提供的社会支持功能的程度。

社会支持网络包括非正式支持和正式支持。

非正式支持通常是由服务对象的家人、朋友、邻居来承担的，社会工作者应与服务对象现有的个人网络中的成员接触，尽量动员这些成员提供支持，商议解决问题的办法。当服务对象所拥有的个人网络太小或不能提供足够的支持时，社会工作者应为其发展新的非正式照顾资源，如寻找、培训并分派志愿者为其提供较为长期的服务，推动邻居在危急时提供临时性的、非长期的协助，组织情况相似的服务对象成立互助小组等。

正式支持的提供方包括政府部门、非营利的社会组织和市场上的营利性机构，正式支持的对象包括服务对象及其家庭照顾者。为服务对象提供的正式照顾主要包括家政服务、送餐服务等日常生活照顾，护理、康复等医疗照顾，心理辅导、电话慰问等精神支持；为家庭照顾者提供的正式照顾主要包括一些支援性服务，如帮助家庭照顾者稍事休息，以缓解长期照顾家人所带来的焦虑和紧张感，如临时照顾服务、日间照顾服务、临时安置服务、家庭照顾者的互助小组等。

2. 社会工作者建立社会支持网络的方法和技巧。

每个人都会在社会生活中通过与他人的互动形成一定的社会网络，而社会工作者帮助老年人发展社会支持网络是针对社区需要解决社区问题的一种策略。社会支持网络能够为个人提供情绪、尊严和互助等方面的支持，同时也能够促进社会老年人之间的沟通与互助，提升老年人解决问题的能力。

（1）网络分析——相关的组织和可用资源。包括网络形态及网络功能分析。网络形态指的是网络的广度和强度。具体而言，包括网络的大小、网络成员互相联系的方式和次数，以及不同网络之间的关系等要素。案例中提到的内容可以作为分析网络形态的重点。包括利用县里拨的资金修建老年人服务设施，村里的企业老板捐款增建了"老人幸福苑"；组织红十字会进村开展健康检查与知识传递；组织老年人建立互助小组，增进经济收入和情感支持；返乡青年提供文艺志愿服务；组建老年人志愿服务队，开展志愿服务等。现有网络的形态与功能分析，衡量现有网络的应用价值。网络功能，通过对网络成员互动的内容、方向和结果的描述和分析，社会工作者可以了解网络对其成员起到的支持作用以及是何种支持。个人支持网络的功能大致可以分为工具性支持和情感性支持，前者指的是能在经济上、人手上和其他资源方面提供帮助的网络，而后者指的是能够提供关怀、尊重、信任等正面情感支持的网络。案例中提到的老年人服务设施、"老人幸福苑"的建设、养鸡增加收入、红十字会健康检查和知识传递等属于工具性支持；建立老年人互助小组、闲余时间聊天、返乡青年的文艺表演，以及老年人志愿服务队的服务属于情感性支持。

（2）发展自助小组——社区自有力量的激活（老年人互助小组合作养鸡）。自助小组是由一群有共同需要、面临共同问题与困难的个人组成的小组，适用于残疾人、慢性病或严重疾病患者、面临心理困扰的人士、下岗失业或经济困难人士等由于个人因素或社会因素而处于困难的人群。困难人群自身的社会支持网络通常比较薄弱，所以协助他们建立自助小组是帮助其发展社区支持网络的重要途径。发展自助组织的技巧。社会工作者在发展自助小组时经常用到联络、鼓励与正面强化、组织活动与体验式学习和同辈榜样4项技巧。案例中社会工作者组织老年人建立互助小组，通过养鸡增加收入，闲余时间一起聊天，这就属于联结、鼓励、组织活动、体验式学习等工具的应用。

（3）挖掘与发展志愿者群体——老年人志愿服务队、青年文艺志愿服务等。发掘和组织志愿者参与是发展社区支持网络的重要手段之一。老年人服务于老年人，既是自助又是互助，同时还联系妇联进行相关志愿服务，发动自身潜力，凝聚社区力量。发掘和培育志愿者的技巧，一是主动邀请，由近及远。社会工作者联系村里的妇联和老龄办等单位，成立了老年人志愿服务队；返乡青年还为老年人表演节目；联系红十字会进村开展服务。二是建立平等合作关系。社会工作者在发展志愿者时，应与他们建立良好的关系，尊重他们的参与，身体力行，与志愿者一起工作，如此则比较容易和志愿者建立平等合作的关系。三是提供参与和成长的机会。社会工作者必须按照志愿者的能力、意愿和兴趣给他们安排工作，保证志愿者所做的工作既有意义又力所能及，使其拥有一个愉快的参与经历。并在实践的过程中给予志愿者学习和成长的机会，既激发志愿者的参与热情，也能提升他们的能力。

（4）明确方向、提供资源，回应需要、多加鼓励。在志愿者参与的过程中，社会工作者要清楚而具体地向志愿者说明要做的工作，避免不必要的猜测和误解，以使志愿者的工作有清晰的目标和方向。同时，社会工作者也要对工作做充足的准备，提供必要的资源，这对增强志愿者的工作信心很有帮助。注意志愿者的基本情感需要，如被尊重感、被认同感、成就感、归属感等的满足；对志愿者的贡献和付出，社会工作者应该多加鼓励，给予适当的物质和非物质表彰；在总结工作成绩时，也应充分地表扬志愿者的努力和贡献；在日常的非正式交流中，口头赞扬也是一种有效的鼓励。

3. 从功能的角度分析，社会工作者为案例中的老年人提供了如下支持：

（1）提供对话与沟通的渠道，增进了解与信任。案例中提到建立了"老人幸福苑"、老年人互助小组等，促进老年人之间的对话和沟通，促进了许多信息的互换和共识的建立，彼此之间便会更加了解和信任，进而为社区行动奠定良好的基础。

（2）提供分享信息及学习和创新的机会。组织老年人建立互助小组，通过养鸡增加收入，闲余时间一起聊天。这有助于老年人取得较丰富的相关信息，进而能够让其作出的决策更为理性；同时借由社区支持网络的互动还能够达到共享价值的目的，并学习他人的知识和技巧。

（3）促进社区的凝聚力。社区支持网络是一部协调各种矛盾和问题的稳定器，其作用在于：借由协调分歧，调和不同意见，而非试图加强单一的行动或脆弱的共识，促进有潜在矛盾的相关各方达成理解和同理。正是通过协商、讨论、对话与分享，社区支持网络可以促进社区各个组成部分达到彼此之间真正地了解和整合，从而达到社区凝聚的最终目的。案例中利用政府资金修建老年人服务设施，满足村里老年人照顾需要、募集资金由企业老板捐款建设"老人幸福苑"、返乡青年的文艺志愿服务、妇联及老龄办成立的老年人志愿服务队均是满足社区老年人多元需求，搭建各种服务平台，促进社区为老服务的资源合力，从而提升社区的凝聚力。

（4）促进社区增权。增权是指协助遭遇到制度性歧视或者压迫的社区、团体及个人通过参与、学习和集体行动，发展其自身的优势，增进其影响决策的能力和机会的活动。通过社区支持网络，社区居民能够互相交流、互相学习。对不平等和压迫有更多的认知，从而有助于社区增权，进而促进社区内技巧、知识、信心和组织能力的提升，促进社区居民更大程度上参与社区决策。案例中通过成立老年人志愿服务队、组建老年人互助小组等，来提升生产力与收入，促进社区增权。

第四题 （论述题）

考题分析：

本题主要涉及的知识点是个案工作和社区社会工作。考生必须要根据平时对党和国家有关民生福祉、社会服务、城乡发展的重大战略部署相关的重大举措、政策和具体实施等内容有一定的积累。这也提醒考生一是要抓纲吃本，按照考试大纲逐一梳理知识重点；二是对照中级教材服务考试大纲相关内容，如考试大纲内容未能在教材上找到对应内容的，必须从各类正规网站、文件、杂志等去找寻相关知识、专家文章；三是结合题干要求并从服务实际的角度去进行归纳总结即可。

参考答案：

1. 社会工作者参与社会治理的重要性和措施。

（1）必要性与重要性。

首先，从管理到治理与善治——思路的变化。从推进国家治理体系和治理能力现代化的高度，提出了创新社会治理体制的任务，为激活社会力量参与社会治理指出了方向。

其次，治理——多重力量参与和激活。

最后，社会工作者参与社区治理的本质与核心：服务型治理。

其实质就是提供专业化、人性化服务，为解决社会矛盾、促进社会融合、建构良性秩序而实现的治理。社会工作的服务型治理反映在它的"助人自助"的价值理念、科学细致的工作方法、服务对象高度参与的机制、标本兼治的工作目标、解决困难与个人成长的双重关怀、个人与社会环境的双重改变等方面。

社会工作机构作为社会力量的一种，在创新社会治理体制中应该扮演积极和适宜的角色。

（2）措施与路径。

第一，通过对困难群体的直接服务解决社会问题。

第二，通过政策性服务促进政策资源的使用。

第三，通过反映服务对象的诉求参与治理。

第四，通过政策倡导解决不合理的问题。

第五，通过服务增强民众参与社会治理的能力。

第六，通过服务倡导和传播协同合作精神。

2. 个案管理的内容和原则。

（1）个案管理的内容。

个案管理的定义与特点：一种提供服务的方法，它是由专业社会工作者评估服务对象及其家庭的需求，并安排、协调、监督、评估和倡导一套包含多种项目的服务，以满足特定服务对象的复杂需求。

个案管理的内容贯穿整个过程：

个案需求评估：问题的复杂性与需求的多样性。

个案管理服务计划：资源的丰富性与主体的多样性。

服务计划的执行：资源管理、调动的复杂性。

主体的网络搭建与激活监督与评估：服务对象的多样性及指标的丰富性。

（2）个案管理的原则。

第一，服务对象参与。

第二，服务评估。

第三，照顾协调。

第四，资源整合。

第五，包裹式服务与专业合作。

第六，服务的监督。

3. 乡镇（街道）社工站的职能是什么？举例说明社工站个案管理在社会治理中的应用及成效。

（1）2021年4月民政部办公厅印发《关于加快乡镇（街道）社工站建设的通知》，统筹加快推进乡镇（街道）社工站建设进度。通知明确指出：各地民政部门要做好经费测算，协调财政部门列支财政经费，统筹社会救助、养老服务、儿童福利、社区建设、社会事务等领域政府购买服务资金相关业务工作经费，以及彩票公益金中用于老年人、残疾人、儿童和社会公益等支出资金，优先用于购买乡镇（街道）社会工作服务。

（2）社工站工作方式。事务性岗位设在镇街社工站（社会救助、养老服务、儿童福利、残疾人事务等，包括受理相关业务申请、开展政策宣传、进行服务对象信息核对及管理等工作）；服务性岗位设在村居社工点（识别服务对象、评估服务需求、统筹开展服务、推动共建共治共享）。

（3）社工站参与社区治理的方式：

服务全覆盖（将未纳入兜底民生保障网的困难群众和特殊群体纳入其中，进一步健全完善兜底民生服务对象台账）。

重构支持网络（持续提升自信心和生活动力）。

发展社会组织，激活社区参与（带领志愿者参与服务，链接整合社区公益资源，激发社区活力，建设人人有责、人人尽责、人人享有的社会治理共同体）。

（4）案例分享：

某镇街社工站案例：14岁少年和他残疾父亲的房屋修补。

偏差行为修正。

家庭关系重建。

就业机会寻找。

《社会工作实务（高级）》2022 年真题
答题思路分析与参考答案

第一题（案例分析题）

考题分析：

本题考查社会调查研究报告。主要涉及的考点是社会调查研究、文献回顾、随机抽样、社会调查报告框架。要回答本道题，考生需要掌握如下知识：

一是本次研究的主要问题是老年人在社会中的压力和支持来自哪里，有哪些？二是随机抽样法就是调查对象总体中每个部分都有同等被抽中的可能，是一种完全依照机会均等的原则进行的抽样调查，被称为一种"等概率"。随机抽样有 4 种基本形式，即简单随机抽样、等距抽样、类型抽样和整群抽样。一般地，设一个总体含有 N 个个体，如果通过逐个抽取的方法从中抽取一个样本，且每次抽取时各个个体被抽到的概率相等，则这样的抽样方法叫作简单随机抽样。三是文献回顾，也称文献考察或是文献评论，文献回顾是指某一特定领域里已发表的信息。文献回顾是社会研究过程中前期重要的工作之一，是对问题相关的各种文献进行系统的查阅分析，以了解该领域研究状况的过程。①帮助研究者熟悉和了解本领域中已有的研究成果，便于确立自己的研究在该领域中的位置，知道自己对理论的发展所作的贡献；②为研究者提供一些可供参考的研究思路和研究方法，以及问卷制作者研究问题的角度、策略、具体的方法等；③为解释研究结果提供背景资料。四是社会调查报告的主要框架。

参考答案：

1. 本研究的主要问题。

（1）研究辖区内老年居民的社会压力情况，包括经济压力、照顾压力、生活压力、健康状态、居住状态、人际关系状况、社区融入状况、社区参与状况等。

（2）研究辖区内老年居民的社会支持情况，包括经济支持、生活支持、医疗健康支持、社交支持、社区支持、社会支持等情况。

（3）研究有效缓解辖区内老年居民社会压力及增强其社会支持的策略。

2. 抽样方法。

统计辖区内不同年龄层老年居民的数量，包括 60~69 岁、70~79 岁、80 岁以上 3 个群体的数量，然后对 3 个群体按照总数 500 份进行分层抽样，例如最终统计出 60~69 岁的老年居民有 300 人，70~79 岁的老年居民有 200 人，80 岁以上的老年居民有 100 人；然后，在不同年龄层的老年居民中，按照所居住的小区数量或村居进行随机抽取一定数量的老年居民进行调查。

3. 文献回顾的主要内容：

（1）有关老年人社会压力的概念及内容。

（2）有关老年人社会支持的概念及内容。

（3）有关老年人的社会压力状况及对策研究。

（4）有关老年人的社会支持状况及对策研究。

4. 社会调查报告的主要框架如下：

（1）标题：关于老年人社会压力和社会支持。

（2）导语：此为社会调查的开头部分，也称前言、导言。此部分需写明社会调查的意图、性质、时间、地点、对象，以及调查的范围和采用的调查方法。

（3）主体：这是社会调查报告的核心部分，也称正文情况部分：介绍调查所得到的基本情况，应注重具体事实、统计数据，文字应简明、准确，条理分明，也可兼用数字、表格、图示说明。

分析部分：重点分析所调查事情或现象的产生背景、原因、实质，条分缕析，有事实有依据，抓住问题的实质、规律，揭示出其重要意义或危害性，给人印象深刻，提醒世人或领导注意。

建议部分：在有力的分析下，根据实际情况，提出解决问题的建议，为有关部门恰当处理提供参考。

（4）结语：总结全文、深化主题、警策世人，也可在建议部分结束。

第二题（案例分析题）

考题分析：

本题涉及的是系统理论、学校社会工作的知识领域。包括对"双减"政策的认识、家校社联动的内容、社会工作者的角色和功能等内容。回答这道题，考生需要熟悉政策出台的背景、政策出台之后的家长连锁反应，掌握系统理论的相关内涵，并结合系统理论去分析问题和提出介入策略。

参考答案：

1. 阐述系统理论视角下"双减"带来的问题原因。

"双减"政策是指"减轻学生作业负担和压减学科类校外培训机构"，是党中央站在实现中华民族伟大复兴的战略高度和政治高度作出的重要决策部署，是构建教育良好生态，促进学生全面发展、健康成长的国之大计。一方面要看到政策背后的初衷，另一方面也应看到在实施过程中面临的一些问题，比如课堂教学效率、科学布置作业、教师弹性工作、优质教师资源分配不均衡、家校沟通、家长的焦虑担心、对良好教育资源的向往等。

系统理论认为，环境是由多个因素组成的，如家庭、学校、社区、工作单位、政策、文化等，个体遇到的问题要与环境中的各种因素结合起来，反对将问题单独归因于个体特质或某一外在因素的简单化观点。应从整个相互关联的环境系统着眼，分析构成整个系统的各要素间存在的复杂联系和相互关系，以及存在于社会场景和外部环境中的其他相互影响的要素，进而寻找问题的根源和解决问题的资源。

学生的升学压力、家长的"焦虑加码"、学校的经费不足、社区面临的新课题等，均反映了社会环境各层面不是独立存在的，个体面临的问题要放到环境中去看待，政策的出台牵涉社会主体的方方面面，需要我们立足整体进行实务工作。

2. 系统理论视角下社会工作者如何开展服务？

（1）在微观层面，立足个人和家庭正确评估需求。"双减"政策背景下，社会工作者应看到政策背后各方面展现的需求，比如青少年群体在自身学习能力提升、全人发展以及自我时间支配方面的需要；家长对于缓解教育焦虑，以及正向人生价值观念引导方面的需要。此外，也要看到学校层面加强家校联动，获取相关服务支持方面的需要；社会辅导机构在内部运营策略调试和市场适应方面的需要。

（2）在中观层面，立足社区做好宣传工作。社会工作者首先要做好宣传工作，营造一个氛围良好的大环境，让家长能缓解焦虑，让父母多关心孩子的想法、感受，多关注孩子的内心世界，不要仅仅执着于成绩。通过开展亲子活动、家庭教育讲座等活动，让大家知道这是孩子的人生，不是父母的人生，父母送给孩子最好的礼物就是一个健全的人格。

（3）在宏观层面，立足社会做好政策倡导。关注关心学生群体的心理健康的政策、计划等，督促政府单位或者教育部门重视各级学校心理辅导制度的建立。在学校层面积极参与学校的心理健康制度的建立，参与推动学校制度的改动，实现教育均衡。

3. 社会工作者从中扮演的角色和功能。

（1）服务提供者：一方面，社会工作者应加强政策学习，从而在服务过程中能更好地帮助青少年家长正确解读政策。另一方面，拓展服务内容，开展相关小组活动及"家校社"的活动，培养学生的自主学习能力和良好的学习习惯，鼓励学生自主探究问题，如课前预习、课后巩固、刷题、主动提问和整理错题集的习惯等。在老师方面，要健全作业模式和形式，减轻学生过重的作业负担，同时转变教育评价方式等。

（2）资源筹措者：社会工作者可以组建志愿者队伍，邀请有心理学、社会工作等背景的父母担任志愿者，增加学校心理辅导的资源与能量。

（3）关系协调者："双减"意见的实施需要家庭、学校、社区、社会共同参与才能实现，社会工作者应加强与学校、社会辅导机构以及市场监管部门的联系，对合作方所关注的需求进行一定回应，成为学校、社区与家庭的纽带，与所服务地域的多方主体开展合作，做多方关系的协调者。

（4）支持者和使能者：社会工作者需要在服务过程中尽可能地做好家长工作，引导家长树立正向的教育观，疏导家长的焦虑情绪，纾解负面影响，提供专业的建议，使得家长和青少年能从容面对学习和生活。

第三题 （案例分析题）

考题分析：

本题涉及的是青少年社会工作、小组工作知识领域。考查青少年社会工作小组的目标设计理论依据、小组动力，以及小组活动的功能。考生需要熟悉小组工作的相关理论、小组动力以及小组功能，并结合案例中青少年小组工作的内容进行分析即可。

参考答案：

1. 阐述案例中小组目标设计的理论依据。

（1）小组动力学理论的主要观点。

小组动力学是描述小组过程中各种因素和力量的相互关系的理论，其研究的内容包括小组的形成、维持、发展，小组内部的人际关系，小组与个体的关系，小组的内在动力，小组间的冲突，领导方式对小组的影响，小组行为等。小组动力学理论的主要观点有：

①关于小组特性。小组绝不是各个互不相干的个体的集合，而是有着联系的个体间的一组关系。小组不是由各个个体的特征所决定的，而取决于小组成员相互依存的内在的关系。

②关于小组的内聚和分裂的问题。美国心理学家勒温和他的学生认为，任何一个小组都面临着内聚和分裂的压力。分裂的压力缘于小组内部成员之间交往有太多的障碍，或者个体的目标与小组的目标有强烈的冲突。为了抵抗分裂，需要加强小组内的凝聚力，使小组各部分有机地结合在一起。凝聚力取决于以下几个方面的内容：一是小组成员间的吸引力，如对其他小组成员的喜爱等；二是领导者的工作作风；三是小组成员对小组活动的兴趣；四是遵从与交往。小组成员遵从行为表现越高，小组的凝聚力就越高，兴趣与态度一致的交往能促进小组凝聚力的增长。

③小组行为随着小组成员的改变而改变。在一个稳定的小组中，小组的动机强烈地联系在一起，以致很难将小组的目标与个人的目标清楚地界分开来。所以要改变个人应先使具体的小组发生改变，这远比通过直接改变个人要容易得多。

（2）镜中自我理论的主要观点。

①关于人与社会的关系。美国社会学家库利认为社会是一个有机体，是一个通过互动而存在和发展的各种过程的复合体。社会是一个统一体，在社会这个庞大的互动组织中，它的任何一部分的变化都不可避免地会影响这个有机体所有的其他部分。

②关于镜中自我的概念。镜中自我是库利理论的一个核心概念，指在与他人的互动过程中，我们通过感知他人对我们的反应和评价，从而建立起我们的自我意识、自我形象和自我评价。他人犹如一面镜子，我们正是从他人这面镜子里发现了我们的自我。

③关于首属小组的概念。首属小组指那些亲密的、面对面的交往以及有直接互动和合作的小组。这些小组包括家庭、邻里以及儿童游戏伙伴。首属小组是对个人的成长发展影响最深远的小组之一。很多积极或消极的品质都是在首属小组中获得并强化的。

2. 分析小组活动设计的作用，以及每个环节设计可以产生的小组动力和动力类型。

小组活动设计的作用：通过设计小组活动，社会工作者可以对将要开展的小组活动做好充足的准备，可以促使小组活动过程紧紧围绕小组的目标进行，可以把控小组的进程，最大限度发挥小组的动力，促进小组组员的成长。

（1）热身活动：产生的小组动力是进行"破冰"，使组员互相熟悉，打破陌生感和紧张感，营造轻松的小组氛围。

（2）回顾上一节的家庭作业。（略）

（3）主题活动"秀秀我自己"。（略）

（4）绘制自画像，材料准备，制作过程，准备"自画像"的演说词。（略）

（5）分享介绍自己的自画像。（略）

（6）邀请其他组员点评。（略）

（7）总结与布置家庭作业。（略）

3. 结合案例分析小组活动对于青少年成长的功能。

（1）塑造青少年的平等意识和共同体归属感。

社会工作者必须激发小组组员的平等意识和主人翁意识，使其获得平等基础上的被接纳的文化感受。在这种文化背景下，小组组员会彼此认同，感觉到自己存在的价值，从而对小组产生归属感和认同感。案例中社会工作者通过小组活动，使青少年对小组产生归属感和认同感。

（2）提供青少年自我改变及"被肯定"的社会场景。

小组如同一个真实的社区，在某种程度上反映了小组外的真实世界。在这一模拟社区的互动过程中，小组组员任何新的改变和提升都会被大家接受、肯定和分享，从而会激发他们面对外在的真实社区、现实社会的信心，会激发他们以同理心的态度去理解现实的社区和社会，进而以改变了的自我去融入社区和社会。案例中，通过"秀秀我自己"以及其他组员的点评，促使青少年探索和接纳自己，为青少年提供了自我改变及"被肯定"的社会场景。

（3）创造相互帮助、共同成长的学习机会。

小组组员通过诚实和真诚地回应其他成员的成长，表达对他人的接纳和肯定。这种接纳和肯定，使得小组组员彼此之间愿意和乐于相互学习、相互帮助，从而实现共同成长。案例中通过邀请其他组员进行点评，可以表达对他人的接纳和肯定，从而促使青少年乐于相互学习和相互帮助，促进青少年的成长。

（4）打造增能的社会支持网络。

在小组工作过程中，通过小组组员之间、组员与社会工作者之间的互动分享，在每一个人的周围必然会形成一定的相互支持网络。这种支持网络对于每一名小组成员潜能的发挥、自我改变和提升的影响一定是持久而又深刻的。案例中，通过将社区中年龄相仿的青少年组织起来，开展小组活动，通过在小组活动中的互动分享，为青少年构建社会支持网络，促进青少年潜能的发挥。

第四题　（论述题）

考题分析：

本题考查有关共同富裕的相关知识，主要涉及增能理论、社会支持理论的知识点。考生一是要认真领会党和国家领导人关于特殊困难群体、共同富裕的重要论述；二是需要深入学习有关共同富裕的重要文件；三是平时需要大量阅读专业杂志中有关特殊困难群体、共同富裕的社会工作服务案例。在答题的时候需要将理论、案例、服务融会贯通。

参考答案：

1. 共同富裕的含义。

（1）共同富裕是全体人民的富裕，不是少数人的富裕；是人民群众物质生活和精神生活双富裕，不是仅仅物质上富裕而精神上空虚；是仍然存在一定差距的共同富裕，不是整齐划一的平均主义同等富裕。

（2）共同富裕是全体人民通过辛勤劳动和相互帮助最终达到丰衣足食的生活水平，也就是在消除两极分化和贫穷基础上的普遍富裕。

（3）共同富裕是社会主义的本质规定和奋斗目标，也是我国社会主义的根本原则。

2. 共同富裕对特殊困难、低收入群体的功能。

（1）促进正常生活与物质方面的改善。

（2）促进特殊困难、低收入群体的可持续发展。

（3）促进人与社会环境的相互适应。

（4）恢复弱化的功能。

3. 结合增强权能理论和社会支持理论，社会工作帮助特殊困难群体实现共同富裕的思路。

增强权能理论认为：特殊困难群体所拥有的资源与调动资源的能力是最低的。这种状态并非他们自身的缺陷，他们权能的缺乏是由于社会中强势力量的压迫使他们形成了无力感、无助感、疏离感和失去自控感。增强权能理论强调的是社会工作者要帮助处于特殊地位的个人和群体增强他们的权能。权能不是稀缺资源，经过人们的有效互动，权能是可以不断地被发掘出来的。权能一般发生在3个层次上：一是个人层次，包括个人感觉有能力去影响或解决问题；二是人际层次，指的是个人和他人合作促成问题解决的经验；三是环境层次，指能够改变那些不利于个人权能发展的制度安排。

运用社会支持网络理论帮助服务对象解决生活中的问题，重点在于帮助其学习如何建立社会支持网络和利用社会支持网络。社会支持网络反映的是个人与其生活环境中各系统的关系状态。社会工作者在帮助特殊困难群体时，不仅要对社会支持网络进行评估，更重要的是运用和改善社会支持网络，使之能够满足服务对象的需要，解决其问题。

因此，结合这两个理论，社会工作参与特殊困难群体实现共同富裕的思路如下：

（1）社会工作助力精准扶贫帮困，促进全面小康。一是社会工作的理念、方法契合帮扶特殊困难群体的实践要求，有助于精准帮助扶贫对象提高致富能力。专业社会工作者通过"赋权"与"增能"来发挥作为服务对象的特殊困难群体在脱贫过程中的能动性与潜力，与国家提倡并实行的"开发式扶贫""造血式扶贫""参与式扶贫"举措不谋而合。二是社会工作促进精准扶贫相关政策的制定和实施。在扶贫政策制定与实施过程中，社会工作者和社会工作组织起到了政府和特殊困难群体之间的桥梁作用。社会工作机构和社会工作行政者在实施社会服务的过程中，科学评估服务对象的需求能够及时、准确地掌握服务实施过程中的问题，为相关扶贫政策的修订与调整提供逐级反馈，为政府修订和完善社会政策提出切实可行的建议和意见。三是不同服务领域的社会工作有助于拓宽精准扶贫帮困的具体路径。社会工作根据服务领域和服务人群不同，参与扶贫帮困的侧重点和具体方式也各不相同。农村社会工作强调以能力建设为重点开展精准扶贫。

（2）"慈善+社会工作"助力于第三次分配，促进社会公平。在第一次市场分配和由政府主导进行的第二次分配之外，还存在基于道德信念而进行的第三次分配，而这种道德信念是与"个人的信念、社会责任心或对某种事业的感情有关"。实现全民富裕，需要切实发挥第三次分配的重要作用，第三次分配的核心是发展公益慈善事业，倡导社会捐助。社会工作在促进第三次分配方面卓有贡献，"慈善+社会工作"可以在第三次分配中承担慈善服务提供者的角色。

（3）社会工作可以通过多元路径助力特殊困难群体参与共同富裕。通过开展社区志愿服务行动、培育社区文化等途径丰富居民精神文化生活，以促进社会和谐。

①协助其增加参与经济活动的机会和能力，如参与公共设施建设、社会项目、社区公益岗位等，增加稳定收入。

②协助政府做好基本社会保障，提供基本社会服务，在公共服务中对特殊困难群体给予特别的关照。

③协助特殊困难群体建构良好的、资源丰富的社会支持网络，帮助其参加有积极意义的社会活动和社区活动，增强他们的社会链接。增加社会资本是社会性富裕的重要方面。

④协助其建构积极理性的生活观，参与对家庭、社区和社会有意义的活动，增强自己生活的意义感，帮助其理性地对待困难、正面地感知获得和进步，增进精神富裕。

社会工作运用专业方法精准摸查特殊困难群体的需求，根据服务需求链接社会资源，建立社区支持网络，推进志愿者队伍建设，帮扶特殊困难群体在获得资源的同时，促进个人能力提升，实现共同富裕。

《社会工作实务（高级）》2023 年真题
答题思路分析与参考答案

第一题（案例分析题）

考题分析：

本题考查人力资源管理的工作计划，主要涉及的是《社会工作综合能力》的社会工作行政中有关人力资源管理的相关知识，主要包括任用、训练与发展、绩效评估与激励、薪酬管理、员工关系建立与维持。回答本题，考生需要掌握以下知识：

一是计划的目标的制定，制定目标的时候要注意回应案例中所呈现的问题，目标要符合 SMART 原则。二是结合人力资源管理的相关知识，细化具体的任务，如任用，体现在人力资源的需求分析、规划及人才的聘用上；训练与发展，分别从人员训练的途径、发展的支持等方面去进行分析；绩效评估与激励，包括选择适当的激励方法、工作再设计、降低员工的疏离感、提高员工的工作满足感、将报酬与绩效相结合以及处理员工抱怨的问题等；薪酬管理、员工关系建立与维持，需要掌握行之有效的措施等。

参考答案：

1. 加强人力资源管理计划的主要目标：

（1）组建稳定的社会工作人才队伍，有效落实各项任务。

（2）提升社工站人员的经验和能力，提高工作质量和效果。

（3）改善内部关系，开展团队合作，营造积极的工作氛围。

（4）提高社工站的人力资源管理效能，确保任务的顺利完成。

2. 计划的主要任务及具体措施：

任务 1：任用

任用是招聘并分配员工到组织设定的岗位工作的过程，包括吸引符合要求的人才进入机构，从候选人员中选取最佳人选，训练新人，分配工作，并处理与此相关的事务。具体措施包括：

（1）对社工站的人力资源需求进行分析，了解不同岗位的职责和工作量。

（2）制订合理的人员编制和招聘计划，包括在关键岗位上聘用有经验的社会工作专业人员。

（3）在符合服务人员配置要求的情况下，考虑采用临时聘用或岗位调整的方式来应对短期人力不足的情况。

任务2：训练与发展

训练与发展包括对员工进行训练，协助员工学习新技能，以提升员工的工作能力，进而改善其在组织中的工作表现。另外，将员工个人长期发展的目标与组织目标进行连接，协助员工实现职业生涯发展。

具体措施包括：

（1）对社工站人员的培训需求进行评估，制订训练计划，包括职业技能、专业知识更新和服务技能提升等方面的培训。

（2）鼓励和支持社工站人员参加专业研讨会、工作坊和学习交流活动，提高他们的专业水平。

（3）根据员工的专长与能力，协助员工制订职业生涯规划。

任务3：绩效评估与激励

绩效评估是指持续评估个人和团体对组织的贡献，同时也与相关人员沟通评估结果。评估有各种不同的方法和途径，但其都是为了决定训练需求、改进机构工作方法、决定奖惩标准。所谓激励，是指促使员工有意愿地追求组织目标，其策略包括选择适当的激励方法、工作再设计、降低员工的疏离感、提高员工的工作满足感、将报酬与绩效相结合，以及处理员工抱怨的问题等。

具体措施包括：

（1）建立有效的绩效考核制度，定期对社工站人员进行绩效评估，为员工提供晋升和发展的机会。

（2）定期开展内部审核和评估，发现问题，并及时采取措施来解决。

（3）引入激励措施，例如奖励制度或员工关怀计划、工作再设计、降低员工的疏离感、提高员工的工作满足感、将报酬与绩效相结合，以及处理员工抱怨的问题等，提高员工的归属感和工作满意度。

任务4：薪酬管理

薪酬管理是指决定要支付给员工何种级别的工资、奖金，以及提供给员工何种福利和非财物的薪酬。合理的薪酬对提高员工的士气和改善工作表现非常重要。

具体措施包括：

（1）构建合理的薪酬结构体系，提供具有竞争力的薪酬和福利待遇，吸引和保留优秀的社会工作人才。

（2）研究并改进员工的福利制度，将员工的成长、贡献与福利体系相结合。

任务5：员工关系建立与维持

员工关系建立是指加强管理单位和员工之间的和谐关系的过程，包括改善工会与管理层的关系、公平地对待员工、员工辅导等重要的内容。维持是指提供适当的工作条件和环境，以维持或增强员工对单位的认同，如提供有效的员工福利方案、创造安全且健康的工作环境及保持适当的沟通与申述渠道等。

具体措施包括：

（1）为员工提供良好的工作环境和条件，包括安全、舒适的工作场所，以及必要的工具和设备。

（2）制定员工支持机制，包括心理健康支持、工作生活平衡和职业发展辅导等，关注员工的综合福祉。

（3）开展团队建设活动，促进社工站成员之间的互信和合作，增强团队的凝聚力。

（4）建立有效的沟通渠道和反馈机制，鼓励社工站人员提出改进建议，增强员工的参与感和主人翁意识。

此外，社工站需要定期收集和分析社工站的运营数据，评估人力资源管理计划的有效性；加强与其他利益相关方的合作与协调；制订人力短缺及突发事件的应急管理计划；建立有效的监控机制，及时掌握人力资源管理计划的执行情况，发现问题并及时进行调整，确保社工站任务的顺利完成。

第二题（案例分析题）

考题分析：

本题考查"伦理原则顺序"和"简单决策模式"，主要涉及的是《社会工作综合能力》中社会工作价值观与专业伦理关于伦理原则和简单决策模式的内容。考生需要掌握以下知识：

一是关于"伦理原则顺序"，首先需要掌握的是伦理议题，以及在处理伦理议题时社会工作者要遵循的保护生命原则、差别平等原则、自由自主原则、最小伤害原则、生命质量原则、隐私保密原则、真诚原则。要结合具体的案例情境分析伦理原则的运用与关系。

二是关于"简单决策模式"，这是《社会工作综合能力》2022年版教材在修改的时候专门把原来的9个程序修改和调整为8个程序，包括：（1）确认问题或困境；（2）厘清相关的潜在议题；（3）检阅相关伦理守则；（4）了解可运用的法律规章；（5）寻求专业咨询；（6）思考各种可能采取的行动；（7）列举和思考不同决定可能出现的结果；（8）选择最恰当的行动。根据上述程序，结合小芳目前的困境，社会工作者要提出具体的决策过程。

参考答案：

1. 隐私保密原则与最小伤害原则及生命质量原则之间的关系。

无论在何种情形下，社会工作实践中的伦理难题及其行动抉择，都必须按照价值观和伦理顺序的优先性进行安排，妥善处理好责任与义务的关系。在社会工作实践中，社会工作者要遵循以下伦理原则的顺序，做出恰当的伦理抉择。

（1）隐私保密原则。社会工作者一旦与服务对象签订了服务协议，就要在提供服务的各个环节中，始终遵守保护服务对象的个人隐私和有关信息的承诺，绝不能轻易泄露服务对象的私人信息以及同服务相关的隐秘信息，以保护服务对象的个人权益。这一伦理原则要求社会工作者正确处理服务对象在服务过程中透露和提供的个人信息，包括信息资料的安全存放和使用程序上的专业性，不向任何其他人士和公众透露或泄露服务对象的个人信息与隐秘资料，以确保服务对象的利益不受侵犯。除非存在触犯法律、危害自身及公共安全、违背专业伦理要求等情况。

（2）最小伤害原则。社会工作者在做伦理决定和提供服务的过程中，要尽力保护服务对象的利益不受到侵害，最大可能地预防和减少伦理决定和服务对服务对象的身体、心理和精神可能造成的伤害，尽可能地实现利益最大化。

（3）生命质量原则。社会工作者要本着通过专业服务不断提高服务对象生活质量的精神，在直接服务和间接服务两个层面，通过社会服务和政策干预，来满足服务对象的需求，不断提高服务对象的福祉，促进服务对象生活水平的提高和社会融入的程度。在社会工作实践领域，专业工作者要尽量通过服务来改善服务对象的身体及心理状况，通过提供经济帮助、心理辅导服务来满足服务对象的需求，从而改善服务对象的生活质量，提高服务对象的身体及心理健康指数，从而全方位地提高服务对象的生命质量。

在这个案例中，社会工作者处于两难境地。一方面，隐私保密原则要求社会工作者尊重小芳的隐私权，不能将她的个人信息透露给他人，包括她的男朋友；另一方面，最小伤害原则和生命质量原则要求社会工作者考虑小芳的整体生活质量和心理健康，以及她可能面临的伤害和后果。在此情境下，上述三个原则的优先次序如下：

一是将隐私保密原则放在首位。小芳目前已经康复，能正常生活和工作，意味着有正常的行为能力，社会工作者应尊重小芳的决定，不能违背她的意愿和侵犯她的隐私权。

二是坚持最小伤害原则。社会工作者通过倾听和辅导，来帮助小芳进一步分析告诉男朋友实情的利和弊。社会工作者可以提供关于遗传风险和精神健康问题的相关信息，帮助小芳更全面地了解自身和未来孩子可能面临的情况；评估可能导致的后果，帮助她去分析如何做伤害会更小，并且更容易弥补，使她有能力作出更明智的决策。

三是坚持生命质量原则。鼓励小芳考虑与男朋友之间的沟通和理解，共同面对困境，并探讨未来可能解决的方案。如果小芳同意，社会工作者可以帮助她与她男朋友一起进行咨询或家庭辅导，以促进双方的沟通和支持，以此提高生命质量。

2. 社会工作者运用"简单决策模式"中的介入策略：

在伦理决定中，社会工作者根据"简单决策模式"开展以下介入：

（1）确认问题或困境。明确目前的问题是小芳面临的纠结和困惑，即是否告诉男朋友有关精神病史和遗传风险的问题。

（2）厘清相关的潜在议题。社会工作者有责任和义务保护服务对象的隐私并使其不受伤害，这是社会工作伦理的基本原则。社会工作者在如何处理个人信息以及如何透露信息等环节上有时候会遇到难以决断的局面。在这个案例中，社会工作者处于两难境地。这时面临的是保密的议题。

（3）检阅相关伦理守则。一方面，隐私保密原则要求社会工作者尊重小芳的隐私权，不能将她的个人信息透露给他人，包括她的男朋友；另一方面，最小伤害和生命质量原则要求社会工作者考虑小芳的整体生活质量和心理健康，以及她可能面临的伤害和后果。在这里需要跟小芳进行澄清。

（4）了解可运用的法律规章。根据小芳的情况，社会工作者可以了解精神疾病患者康复之后的相关规定、社会工作专业的伦理守则、伦理议题的处理原则等。

（5）寻求专业咨询。社会工作者可以向督导、机构的高级社会工作师、精神疾病领域以及遗传病学领域的专家进行咨询，了解这种疾病的遗传性、后续的发作情况以及相关的服务过程等。

（6）思考各种可能采取的行动。包括安排一个恰当的时机让小芳跟她男朋友坦诚交流；通过双方关系密切的人去跟小芳的男朋友进行交流；通过参与精神疾病领域的一些活动来了解男朋友对这种疾病的认识和接纳情况；维持现状，加强自我精神健康的监测等。

（7）列举和思考不同决定可能出现的结果。帮助小芳评估不同决策的利弊，包括保密和坦诚的后果对她自身和此段关系的影响。进行适当的介入和行动，如提供支持和辅导，促进沟通和理解，协助小芳做出决策。

（8）选择最恰当的行动。与小芳共同制订一个符合她的价值观和利益最大化的计划，可以包括沟通和理解、提供相关信息、寻求咨询等。

通过运用这个简单决策模式，来协助社会工作者评估所有的相关因素，运用各种资源，尽量对问题进行充分思考，然后找出最合适的行动方案。社会工作者要综合考虑小芳的隐私权、最小伤害和生命质量原则，并与她合作制定出最适合她的介入策略。不过，上述步骤不应该被视为简单线性的过程，每个步骤都可能刺激自我反思，促进社会工作者与服务对象、同事等进行有益的讨论。

第三题 （案例分析题）

考题分析：

本题考查社会工作者的角色、推动社区参与的因素以及信访工作中的介入策略，主要涉及的知识点是《社会工作综合能力》社会内涵、原则及主要领域中的社会工作者的角色；《社会工作实务》中社区社会二作的方法、推动社区参与的策略，以及信访社会工作的介入策略。考生需要重点掌握以下知识：

一是社会工作者的主要角色。包括直接角色：服务提供者、治疗者、支持者、使能者、倡导者、关系协调者；间接角色：行政管理者、资源筹措者、政策影响者、研究者。要掌握这些角色的具体内涵，并能够根据社会工作者的服务内容和行动去判断其扮演的角色。

二是推动社区参与的策略。推动社区居民参与的策略，主要是从影响居民社区参与因素的参与价值、参与意愿、参与能力三个方面入手，从而围绕促进社区居民对参与价值的肯定，提高社区居民的参与意愿，提升社区居民的参与能力几方面去分析。

三是信访社会工作的内容。这需要了解社会工作在现代化的情境中，扩大的领域范围——信访社会工作，需要结合相关工作条例、有关专家的文章等进行分析。

参考答案：

1. 案例中社会工作者的角色。

社会工作者在此案例中起到了促进李阿姨与社会资源链接的作用，并提供支持和援助，帮助她解决生活困难，促进她的社会参与和情绪调适，扮演了多个角色。

（1）资源筹措者：案例中提到社会工作者通过链接经济和医疗救助资源，来帮助李阿姨缓解了生活压力。

（2）倡导者：案例中提到社会工作者鼓励李阿姨参与社区议事会，但被李阿姨拒绝了。

（3）支持者：社会工作者邀请李阿姨加入社区公益手工小组，李阿姨参与了手工编织活动，编织品可以销售并获得一定的补贴，同时编织品也被赠送到边远山区，李阿姨对此感到很高兴，也越来越有兴趣。

（4）使能者：案例中提到李阿姨在手工小组中认识了朋友，增加了参与社区活动的频次，并积极参与社区讨论，帮助社区解决问题。由此，李阿姨主动和政府及信访办沟通来解决问题。

（5）政策影响者：案例中提到社会工作者将李阿姨的跟进情况汇报给政府，建议将社会工作写入信访工作中，信访办认可了机构的工作成效，并将社会工作写入信访工作条例中。

2. 社会工作者运用了哪些因素来推动李阿姨的社区参与？

社区居民参与社区事务的积极程度，受居民的参与价值、参与意愿以及参与能力三个因素的影响。因此，推动李阿姨的社区参与，就要从这三个方面去着手。

（1）促进社区居民对参与价值的肯定。通过社区教育和社区宣传，来唤醒居民对社区问题的关注，改变他们对社区的冷漠态度，增强其对参与成效的信心。具体方法包括开展社区研讨会、座谈会、居民大会、社区展览会、教育讲座、记者招待会和公布社区调查结果等活动。案例中提到社会工作者邀请李阿姨加入社区公益手工小组，李阿姨参与了手工编织活动，编织品可以销售并获得一定的补贴，同时编织品也被赠送到边远山区，李阿姨对此感到很高兴，也越来越有兴趣。手工编织小组帮助李阿姨获得了收入，同时也帮助了边远山区的人。社会工作者引导李阿姨加入社区编织班，李阿姨通过学习编织技能，对此产生了兴趣和成就感、价值感，促进了李阿姨对参与价值的肯定。

（2）提高社区居民的参与意愿。一方面，充分考虑社区居民的家人和朋友对参与意愿的正负面影响，邀请和鼓励他们同时参与，或尽量减少其产生的负面影响；另一方面，要考虑到社区居民的参与意愿，这在很大程度上取决于所参与的社区事务是否与他们的生活或利益密切相关。因此，社会工作者在选择工作的目标和方向时，最好能将其与社区居民的利益挂钩。案例中提到，李阿姨在手工编织小组中认识了朋友，增加了参与社区活动的频次，并积极参与社区讨论，帮助社区解决问题。这个活动激发了李阿姨的参与意愿，从一开始上访拒绝参加议事会，到主动参与社区问题的讨论，提高了李阿姨对社区事务的参与兴趣，增强了她的自信心和社会参与意愿。

（3）提升社区居民的参与能力。首先是进行参与知识和技巧的培训。可采用个别培训或小组训练的方法，来帮助社区居民了解参与各类组织与活动的过程，提高他们的表达、沟通、讨论等技巧；更重要的是协助他们掌握社区的基本资料和最新动态，以便在讨论时能充分论证，具有说服力。而培养民众对自己的信心，也是成功参与的重要因素。其次是妥善处理时间与资源的缺乏问题。在时间方面，社会工作者有责任安排适当的开会时间、地点，尽量考虑社区居民的需求；在资源方面，可以提供适当的资金支持与补助；但在经济方面要格外谨慎，避免养成参与者的依赖性。案例中提到，社会工作者通过链接经济和医疗救助资源，帮助李阿姨解决了经济困难，缓解了生活压力，解决了身体健康问题，减轻了她的身体负担，为她提供了更多的社区参与的可能性。

3. 社会工作者在信访工作中的主要介入策略。

信访社会工作中的主要介入策略是以综合性、协调性和参与性为特点，来促进社会问题的解决和社会公正的实现。结合该案例，信访社会工作中的介入策略包括：

资源链接和整合：社会工作者利用自身资源和网络，将李阿姨与医疗和经济资源相链接，帮助她解决生活困难。

社会参与和心理支持：社会工作者鼓励李阿姨积极参与社区活动，提供心理支持和鼓励，增强她的社会参与意愿和能力。

引导与倡导：社会工作者通过引导李阿姨加入社区公益手工小组，激发她的兴趣和成就感，改变她的固执己见，进而推动她更加开放、平和地与相关部门协商解决问题。

系统改革与倡导：社会工作者通过成功的案例，倡导将社会工作纳入信访体制中，使社会工作能够更好地发挥作用，解决社会问题，促进社会公正。

沟通与协调：社会工作者在处理信访案例的过程中起到了沟通和协调的作用，与李阿姨进行有效的沟通，倾听她的关切和困难，并解释相关政策和解决方案。同时，社会工作者也与信访部门、社区组织和其他相关部门进行协调，确保各方合作，共同推动问题的解决。

个案管理和跟进：社会工作者对李阿姨的情况进行个案管理，并持续跟进她的社会参与和生活改善情况，并与李阿姨建立信任关系，提供持续的支持和辅导，确保她的需求得到满足，并及时调整策略以适应她的需求变化。

教育与倡导：社会工作者通过向李阿姨进行相关法律、法规和政策知识的教育，帮助她更好地了解自己的权益和应对方式。同时，社会工作者也在社会层面开展倡导工作，争取社会工作在信访体制中的地位和发展空间，推动信访工作的改革和完善。

参与决策和权益保护：在案例中社会工作者通过引导李阿姨参加议事会等社区活动，来鼓励她表达自己的意见和诉求，参与决策过程，并保护她的权益。社会工作者充当了李阿姨的代言人和支持者，帮助她维护合法权益，并在与相关部门的协商中提供必要的支持和指导。

综合上述策略，信访社会工作通过综合运用资源链接、社会参与、心理支持、沟通协调、个案管理、教育倡导和权益保护等策略，来为信访人群提供全面的支持和服务，促进问题解决和社会公正的实现。

第四题（论述题）

考题分析：

本题考查有关"人在环境中"及我国社会工作制度相关的知识，主要涉及"人在环境中""社会工作在环境中"的相关概念，以及我国社会工作制度建设的知识点。考生需要从以下几方面入手：

一是认真学习习近平总书记关于中国式现代化的重要论述，以及有关社会工作的重要论述内容；

二是熟悉《"十四五"民政事业发展规划》关于完善现代社会工作制度中提到的社会工作的成就，以及未来的发展规划，目标方向；

三是积累关于我国社会工作制度建设的有关内容，包括成就、不足，可以学习政府工作报告中关于社会工作的论述，民政部关于社会工作的工作报告、数据统计等；

四是阅读社会工作领域专家对社会工作发展的论述、主要观点。

回答论述题，考生需要认真领会党和国家领导人的重要论述；系统学习有关政策文件；平时需要阅读大量专业杂志中教授、专家的文章，充分积累素材，才能做到"下笔如有神"。

以下就是结合《"十四五"民政事业发展规划》、王思斌教授《社会工作在环境中及其理解》《积极回应社会需要 实现务实创新发展——党的十八大以来我国社会工作的发展进程》的文章，以及民政部关于社会工作的政策、成就、数据等方面的材料，综合而成的参考答案。

参考答案：

1. "人在环境中"是社会工作的核心概念，指个人受其生存环境内的诸多因素的影响，并且人的内心事实及所处的社会环境经常处于交互的状态，因此必须注重人的心理因素和社会因素，具体包括在情境中理解服务对象的行为、注重服务对象的心理及社会因素、注重对服务对象问题的个人与环境的双重归因、注重人与环境的交互作用。

社会工作者在看待和处理服务对象的问题时，既要关注服务对象本身，又要关注其所处的具体情景或环境。社会工作者与服务对象是在具体的情境或环境之中进行互动和解决问题的。随着系统理论对社会工作影响的增加，"人在环境中"的理论视角变得更加流行并处于主导地位，也使"人在环境中"的视角变得更加环境化，即重视服务对象所处环境的复杂性、多样性、层次性及相互交织。这种观点促进了一种看法，即社会工作分析问题要有"人"与"环境"两个相互联系的焦点，既要分析服务对象的生理、心理、社会特征及其遭遇的困境，又要特别关注造成困境的环境因素，甚至把环境因素看作需要改变的主要方面。

2. "社会工作在环境中"是指社会工作实践所处的广泛环境背景和影响因素包括社会政治、经济、文化、法律、制度等方面的环境条件和社会问题的存在。社会工作在环境中需要考虑和应对这些因素，以便更好地为个人、家庭和社区提供支持和服务。具体包括以下几层含义：

一是社会工作服务是在具体环境中实施的。"社会工作在环境中"是对"人在环境中"解释意义的拓展，把原来的服务对象的"人"换成"社会工作"。社会工作是社会工作者与服务对象在具体的、可能在变化着的环境下，互为主体，有方向、有目标地持续互动。这样，社会工作者也进入了上述"人"的范畴内。于是，社会工作者要理解的不但是服务对象所处的环境，还要理解自己与服务对象互动所处的环境。

二是社会工作的发展是在中观和宏观环境下进行的。"社会工作在环境中"，指的是社会工作是在具体的环境，包括具体的经济制度和状况、政治制度和政策、社会结构和文化背景下开展的，它们构成了社会工作实务或实践的重要环境。社会工作服务项目的设置、社会工作领域的拓展、社会工作事业的发展，都受到上述重要环境因素的影响，而且这些制度因素、结构因素的影响是深刻的。

三是社会工作有时也是解决问题的大环境的组成部分。根据"人在环境中"和"社会工作在环境中"的辩证思维，"人""社会工作"也是总体环境的组成部分，而且社会工作的建构性也在促进社会工作环境的改变。在具体的社会工作服务中，社会工作者常常把具体的环境因素拉进来，把"外部的"环境因素作为"内在"要素来加以考虑，从而促进"人"与"环境"的共变。另外，社会工作群体也能动地以其实践创造自己行动和发展的环境。中国式现代化的发展和党的社会工作系统的建立，为社会工作的发展提供了新的服务和环境。"社会工作在环境中"的视角应该有助于对我国社会工作事业发展的理解。

3. 我国社会工作制度建设的成就与不足。

（1）我国社会工作制度建设的成就。

党的十八大以来，我国的社会工作事业在党的领导、政府的主导下，经过社会工作界及各方坚持不懈的努力，得到了快速的发展，专业人才队伍不断扩大，制度建设逐步完善，服务领域不断拓展；通过政府政策的支持和社会关注的增加，我国社会工作在教育、福利、医疗、就业等领域取得了显著成就；社会工作者的专业素养和实践水平得到了提高。

一是专业人才队伍不断扩大。按照党中央建立、健全社会工作人才培养、评价、使用、激励制度的要求，根据国情和社会建设的需求，我国采取了高等学校专业培养和通过职业水平考试来组建社会工作专业人才队伍的措施。党的十八大以来，我国的社会工作人才队伍的规模快速扩大。从专业教育来看，我国开设社会工作专业的大学本科院校有350所左右、大学专科院校有60~70所，学科稳定发展，培养学生的质量不断提高。通过全国社会工作者职业水平考试选拔了一批社会工作者。截至2022年底，全国持证社会工作者共计93.1万人。社会工作服务体系的构建进一步完善，社区、乡村、校园等领域的社会工作服务得到了较快发展。

二是专业服务站点不断增加。民政部出台了一系列的鼓励民办社会工作服务机构参与社会服务的政策文件，推动一批高校教师创办社会工作机构，积极承接政府购买的社会工作专业服务，推动了社会工作专业机构和专业服务的发展。对培养社会工作专业人才、促进大学生就业、提高社会服务水平、促进我国社会工作专业化与本土化的结合、提高教师的教学效果、进行专业社会工作示范等方面具有积极作用。社会工作专业服务在城市发展积累经验的基础上，开始向农村推进专业服务，并且把广东、湖南的试点经验推广到全国。民政部决定在全国推进乡镇（街道）社会工作站建设，要求到"十四五"期末，全国乡镇（街道）均要建立社工站。截至2022年6月底，全国已建成乡镇（街道）社会工作站2.1万余个，有5.3万余名社会工作者驻站开展服务，全国的乡镇（街道）社会工作站的覆盖率达到56%。乡镇（街道）社会工作站的发展势头很好，并将于2025年甚至提前实现全国全覆盖的发展目标。

三是专业优势不断得到发挥。党的十八大以来，社会工作的发展还体现在积极响应党和政府的号召，扎实地为困弱群体服务，有效地助力脱贫攻坚、助力基层社会治理，大力促进社会建设等方面。包括社会工作教育界实施社会工作教育对口扶贫计划，社会工作实务界实施"牵手计划"，社会工作专业人才深入中西部艰苦、贫困地区，扎根贫困地区开展社会工作服务；在2020年初新冠疫情发生后，社会工作界组织专业队伍，建立联盟，形成强大的网络系统，为疫情防控提供信息、开展咨询，在安全的条件下提供直接服务；通过承接政府购买服务等方式，在城乡基层广泛开展特殊困难群体服务、社会救助、社区建设、乡村振兴、心理辅导、犯罪预防、禁毒戒毒、矫治帮扶等方面的工作，发挥了自己的专业优势。

（2）我国社会工作制度建设的不足。

我国社会工作的进一步发展也面临着专业化、本土化、职业化和扩领域、提质量的新任务。面临着制度化、法制化、规范化的迫切要求，仍存在着以下不足：

服务体系构建还不够完善，服务资源分布不均衡，服务的覆盖范围有待扩大和质量有待提高；社会工作专业队伍建设仍存在一定的短板，人才培养、激励机制和专业化发展仍需进一步加强；社会工作的政策支持和资金保障还不够充分，社会工作的地位和认可度需要进一步提高；在应对社会问题和复杂情境方面，社会工作的创新能力和应变能力有待提升。

4. 针对"社会工作在环境中"的观点，完善社会工作制度可以从以下几方面着手：

（1）加强社会工作服务体系构建。健全党委领导、政府负责、群团助推、社会协同、公众参与的社会工作推进机制。构建村（社区）—街道（乡镇）—区（县）三级社会工作服务体系，按照"有场地、有设备、有人员、有服务功能、有工作流程、有规章制度"的标准，加快推进乡镇（街道）社工站的建设，扩大服务的覆盖范围和提高服务质量，特别是在农村地区和边远地区使服务落地；推动乡镇（街道）社工站在困难群众帮扶、老年人服务、困境儿童关爱保护、社会支持网络构建、社区参与能力提升、社会工作机构与志愿服务组织培育等方面发挥作用，成为基层治理与服务的重要力量。

（2）提升社会工作服务机构能力。制定社会工作服务机构标准和规范，引导社会力量创办和发展社会工作服务机构，优先发展以老年人、残疾人、困境儿童、农村留守人员、流动人口、家庭暴力受害人等为重点服务对象的社会工作服务机构，推进精神慰藉、教育辅导、婚姻家庭、矫治帮教、戒毒等领域的社会工作。完善社区、社会组织、社会工作、社区志愿者和公益慈善的"五社联动"机制，促进社会工作专业力量参与社会治理。

（3）加大对社会工作专业队伍的培养和激励力度。一是增加社会工作专业岗位，包括民政服务机构与基层民政经办机构、社区和社会服务机构设置社会工作岗位，加强社会工作专业人才的配备和使用。二是加强社会工作人才队伍的培育，高等院校要加强社会工作专业学位教育，强化、优化专业建设和相关领域课程设置。鼓励一线社会工作者通过培训和考试来提升专业能力，获得相应职业资格。三是建立、健全社会工作者的职业发展路径和评价体系；加大社会工作的政策支持力度，加大对社会工作的投入，完善社会工作法律法规和政策体系。四是建立分级培养机制和构建分类培训体系，提高社会工作专业人才总量和水平。实现"社会工作人才+志愿者"联动服务模式常态化，形成社会工作人才引领志愿者、志愿者协助社会工作人才开展服务的良性互动机制。

（4）提升社会工作研究和实践的创新能力。鼓励社会工作者积极探索适应当下社会问题的解决方案；建立跨部门合作机制，促进社会工作与教育、医疗、就业等相关领域的协同发展。

《社会工作实务（高级）》2024年模拟题（一）
答题思路分析与参考答案

第一题（案例分析题）

考题分析：

本题主要涉及的是服务方案设计、情绪疏导、心理健康服务干预的内容。考查考生对社会工作服务方案的格式要求、内容撰写的认识。回答本题，考生首先要根据案例情境，了解繁重的工作和紧张环境的压力是医护人员心理压力的主要来源；其次是掌握服务方案的格式，包括问题的陈述与分析、方案的设计（方案目标、方案实施策略、方案执行以及方案评估）；最后要结合案例的内容和心理服务干预的策略，优化服务干预内容。

参考答案：

1. 问题的陈述与分析。

新冠疫情发生以来，广大医护人员一直奋战在疫情防控救治一线。他们劳动强度大、工作压力大、感染风险高、心理负荷重。疫情防控医护人员的心理反应在疫情期间呈现出阶段性的变化。

首先，疫情开始初期，医护人员会感觉害怕、焦虑和有压力。其次，随着疫情进入最艰苦胶着的阶段，医护人员的责任感和信念感支撑他们战胜了正常的心理应激反应。部分医护人员明明工作很疲惫，却坚持说不累，停下来反而更焦虑。而最后当疫情进入消退期时，放松下来的医护人员更能体会到此前潜在的心理创伤，罹患创伤后应激障碍。因此，疫情后期积极关注这群人的心理健康状况尤为重要，要做到早发现、早干预。

2. 方案设计。

（1）方案目标。

对疫情后相关医护人员进行心理评估，为一线医护人员提供心理危机干预，帮助他们修复潜在的心理创伤，温暖他们的心灵。

（2）方案实施策略。

①进行心理健康评估。首先要定期对一线医护人员进行心理评估，评估他们是否存在潜在的心理创伤、是否罹患创伤后应激障碍，这是方案开展的第一步。

②提供心理疏导和危机干预。在进行心理评估后，社会工作者要有针对性地制订不同的心理疏导方案，例如对心理压力大的医护人员加强关心、关爱，在其轮休期间组织

开展放松训练等活动；对出现明显应激反应的医护人员，要进行针对性的个体心理治疗或适当的药物干预；对存在生活困难的医护人员，可提供各项经济、物质帮助等。另外，还可以通过采用讲座、团体辅导、个体咨询、网络支持平台搭建等方式，为医护人员提供心理服务。

③充分利用各种资源，成立专业心理援助服务团队。社会工作者可以组织联系当地卫生健康部门，成立专门的心理援助团队，为医护人员提供心理服务。例如为一线医护人员组建心理互助小组，让他们通过互相支持来实现个人增能。

④通过多方联系，提高一线医护人员的待遇水平。社会工作者除了要关注医护人员的心理状况，还可通过其他方式来提高一线医护人员的福利待遇。例如联系医院党组织进行谈心、谈话和关怀问候；促使医院的关心爱护措施向一线医护人员倾斜，不按行政级别确定发放标准；建议医院提高一线医护人员的薪酬待遇和采取职称评聘倾斜措施；促进医院组织免费健康体检，增加一线医护人员的休息和带薪休假时间。

（3）方案执行。整合资源，提供服务，监督执行进度，处理危机。

（4）方案评估。一线医护人员对社会工作者的服务满意度、方案执行情况及方案实施后的效果进行评估。

第二题（案例分析题）
考题分析：

本题主要涉及的知识点是青少年社会工作、社会工作理论和社会工作通用过程。考查预估中收集资料的方法——生态系统图的绘制、社会工作理论——生态系统理论的知识内涵，以及青少年社会工作的内容。首先考生要掌握绘制生态系统图的方法；其次要掌握生态系统理论的知识内涵；最后结合青少年需求及案例中呈现的问题，根据生态系统图找出小军的资源和网络，采取有效的介入策略。

参考答案：

1. 在这个案例中，小军的个人经历和生活环境对他产生的影响巨大，小军主要面临的问题如下：

（1）缺乏良好的家庭环境与关爱。小军作为一个正在成长和需要教导的青少年，缺乏家人正确的引导：父亲去世、母亲改嫁后很少来看望小军、隔代教育的隔阂，这些都导致了小军长期处于一个缺乏关爱和无人管教的家庭环境中。青少年时期正是一个人认识世界、认识自身的关键时期，小军缺少家人的关心和引导，造成了其暴躁的脾气，所以成为一个"不良青年"。

（2）缺少社区的包容和接纳。小军长期"叛逆"和"不良"的行为，给邻居和社区带来了困扰，成为社区居民眼里的"倒霉星""大麻烦"，遭到排斥。作为社区的一分子，小军长期被社区居民排斥，他接收到的全是负面评价，缺乏一个正向成长的健康环境，这导致他难以融入社区中。

（3）缺少正常的学校教育环境。在学校，小军被同学排斥，无法融入集体中，逃学成为常态。即使他知道自己的错误，也不愿悔改，老师也无力管教，任其自然发展。

2. 小军的生态系统图：

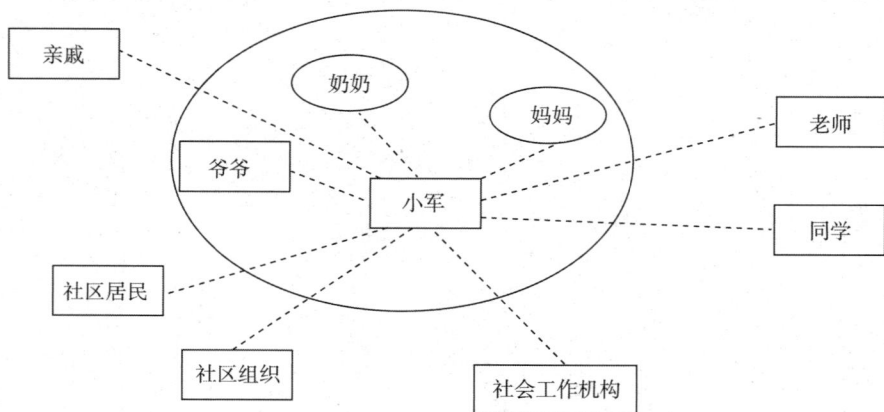

3. 根据小军面临的困境，从生态系统理论出发，针对小军目前所处的系统环境，社会工作者将从微观、中观、宏观三个层面为小军提供服务，具体介入策略如下：

（1）微观层面：帮助小军改变现有的家庭环境，建议小军的爷爷奶奶给予小军更多的关爱，同时也要联系小军的母亲，让她多与小军沟通，为小军的家长提供相关的家庭教育咨询服务。良好的家庭环境对于小军来说是最重要、最基本的，因此，改变小军的家庭环境是首要的介入点。

（2）中观层面：通过联动社区居委会、社区组织等，倡导社区正能量，鼓励社区居民、小军亲戚等群体主动接纳小军，给予小军更多的关爱。同时，也要引导小军改变自己的思想，鼓励其加入社区志愿服务队伍，为社区做一些积极的贡献，借此融入社区，赢得人们的认同。利用学校相关资源，通过开展校园活动、班级团建、班会活动等方式，鼓励同学、老师给予小军更多的包容和支持，为小军的老师提供支持和建议服务，联动小军的老师共同帮助小军克服困难、解决问题。

（3）宏观层面：针对小军的情况，找民政局、关工委等政府职能部门、群团组织了解相关的资源，在生活照顾方面为小军找寻符合的政策资源；积极开展社会宣传，促使社会包容、接纳和关爱这群"特殊青少年"；开展政策倡导，建议出台"特殊青少年"的社会服务政策；开展家、校、社合作支持青少年的需求和发展等。

第三题（案例分析题）

考题分析：

本题主要涉及的知识点是司法矫正社会工作。考查矫正社会工作的特点，矫正期间青少年的问题及介入服务。考生首先要熟悉矫正社会工作的特点，其次要掌握矫正对象（青少年）的需求、困境、问题，最后要结合案例，找到回应社区矫正青少年需求的介入策略。

参考答案：

1. 矫正社会工作的特点：矫正社会工作与其他领域的社会工作实务相比较，既有共性，又有其独特的个性特征。

（1）特殊性：为社会特殊群体提供福利服务。社会工作的重点服务对象是社会困难人群，如儿童、老人、残疾人等，而矫正社会工作的服务对象是罪犯或有犯罪危险的违法者，这些人过去的行为对社会和他人的利益造成了损害。

（2）复杂性：强制性监管与人性化服务交织相伴。在矫正社会工作领域中，服务对象是被司法机关判为有罪并处以刑罚的受刑者，或是被公安机关处以强制戒毒的违法者。为这些服务对象提供的矫正服务具有强制性特征，不以服务对象的主观意愿为前提。

（3）长期性：服务期限与刑罚执行期限基本一致。在矫正社会工作实务中，社会工作者与服务对象的关系建立以矫正对象的服刑期限为参照，一般与刑罚或强制性措施的执行期限相一致，往往会有半年、一年甚至几年的时间。

（4）专业性：法律专业与社会工作专业相结合。矫正社会工作是将社会工作实施于司法矫正体系中的一项实务活动，而对罪犯的矫正又是一个复杂、长期、系统的工程，因此需要由各方面的专业人士共同合作才能达到目的。

2. 在上述案例中，小豪主要面临以下困境：

（1）如何巩固已有的改变，提高小豪改变的主动性和积极性。

（2）如何帮助小豪加强和家庭成员的沟通，增强家庭对小豪的影响。

（3）如何改善小豪的交友环境。小豪整日和一些不良的朋友接触，导致了其参与抢劫的错误的发生。

（4）如何帮助小豪度过社区矫正这一阶段，帮助小豪重建对生活的信心，培养法律意识。

3. 针对小豪目前的困境，社会工作者小李可采取以下介入策略：

（1）对小豪的情绪进行疏导，帮助小豪理解参与社区矫正这一阶段的重要性，增强小豪的自我认同感和自信心。

（2）帮助小豪改善和父母的关系，加强亲子间的沟通，强化父母的责任，发挥家庭的功能，提高小豪改变的主动性和积极性。

（3）考虑到小豪渴望友情、乐于合群，社会工作者引导小豪加入社区青少年认知与行为互动小组。一方面，帮助他提升自我控制意识和判断能力；另一方面，改善其交友圈，鼓励他认识一些友善的新朋友。

（4）利用社区资源，开展多种形式的法律知识的普及教育，可邀请街道警察现身说法，引导小豪学习法律知识，增强法律意识。

（5）联系学校，协助小豪得到学校老师的支持和引导，以及同学的鼓励和帮助，提高小豪的学习兴趣。

第四题（论述题）

考题分析：

本题考查在我国社会工作发展的基本原则中有关"坚持中国共产党的领导"的意义以及做法。考生一要深入学习党的二十大会议的重要精神；二要掌握我国社会工作发展的基本原则中"坚持中国共产党的领导"的内涵；三要能将理论具体运用到实际中，用理论来指引社会工作专业服务的高质量发展。

参考答案：

1. 社会工作坚持党的领导的重要意义。

（1）社会工作事业是党和人民事业的重要组成部分。社会工作事业是党和人民的重要事业，社会工作组织是在党委的领导下，具有服务专业化、精准化特点的社会公益服务组织，是社会治理体系的重要组成部分。发展社会工作是贯彻以人民为中心的发展思想、坚持党的全心全意为人民服务的宗旨、打牢党的执政基础的需求；发展社会工作是落实统筹推进"五位一体"总体布局和协调推进"四个全面"战略布局的需求。

（2）党的领导是社会工作事业繁荣发展的根本保证。社会工作在我国恢复重建以来的历史表明，社会工作是适应党和人民的需求应运而生的，党的领导是社会工作事业繁荣发展的根本保证。新时代推动社会工作事业的高质量发展，挖掘社会工作的专业潜能，提高社会工作的服务效能，以满足党和人民对社会治理、社会服务的现实需求，只有通过加强和改善党对社会工作的领导才能实现社会工作的高质量发展。

（3）坚持党的领导是我国社会工作发展的基本原则之一。党的二十大提出"必须坚定不移走中国特色社会主义政治发展道路，坚持党的领导、人民当家作主、依法治国有机统一，坚持人民主体地位，充分体现人民意志、保障人民权益、激发人民创造活力"，因此社会工作的发展也必须要坚持这一原则。从我国社会工作发展的历史来看，社会工作事业一直是在党的关怀、领导下不断发展、壮大的，在新时代只有始终坚持党的领导，社会工作才能不断发展。

2. 党建引领新时代社会工作发展。

（1）探索构建社会工作行业（事业）党的组织体系，保障党的路线、方针、政策能畅通无阻地落实到基层。社会工作机构大都属于社会组织，国家对社会组织一般实行业务、行政双重管理，可以通过隶属各级党组（党委），在社会组织中构建上下贯通的党的组织体系，社区、村级党的组织领导和支持辖区范围的社会组织行使职责。

（2）坚持党对社会工作的政治引领和业务领导的统一，提高社会工作行业（事业）党的领导水平和党员的社会工作专业素质，将党的领导的政治功能寓于社会工作服务功能之中。社会工作不是一个普通的职业，而是一门现代专业，为了加强党对社会工作事业的引领，使之成为落实以人民为中心的发展思想的专业化手段，应当推进社会工作行业、社会工作机构党员干部的专业化，注重在社会工作专业人才中培养、发展党员，将群众基础好、业务能力强、有领导才干的专业人才选拔到各级社会工作领导岗位上。通过以上两个途径来避免"外行领导内行"的现象发生，提升社会工作行业党的领导的引领力。

（3）探索以高水平党建引领高质量发展的实现机制。可以通过社区党组织的介入和引领，激活社区居民的自主性和组织化，促进社区的建设、社区服务的优化和社区秩序的改善。社区基层党组织主要通过理念嵌入、组织嵌入等途径，来提高草根组织的社会服务、社区治理的效能。其一，理念嵌入。既对草根组织的发展方向和社区发展理念进行引导，又对党建组织的发展方向和社区发展理念进行引导，将党建组织融入草根组织的宣传、教育和服务之中，确保草根组织的发展与社区共同体的建设方向保持一致。并将基层党组织活动开展与草根组织活动开展联结起来，以党建推动草根组织的目标实现。其二，组织嵌入。在草根组织内部发展党员、构建党的组织体系，从而实现引导与监督。社区草根组织发育程度参差不齐，但在党建的引领下，大多数草根组织能够成为社区建设的积极参与主体。社区也是社会工作的重要场域，相关经验值得参考。

（4）在社会组织中发展党员，加强党的基层组织。社会基层治理重在"五社联动"的社会工作服务模式，参与方除了政府的基层政府单位，还有社会组织、社区、社会企业、社会工作机构、社会工作者和志愿者团队。其中大多数属于普通群众，因此，在庞大的集群中，发展党员、加强党的基层组织就显得十分重要。综观各地的社会工作服务实践，政府对参与的社会工作服务机构和社团组织均要求建立党的基层组织、发展党员，依靠党的社会基层组织的引领和党员的示范带头作用，保证基层社会治理朝着党划定的正确方向健康发展。

（5）具体的社会工作服务需要体现党的意志、传递党的声音，坚定不移地执行党的路线、方针和政策。社会工作服务各参与方在面对群众开展服务的时候，要亮出党员身份，发挥党员的标杆作用，带动接受服务的群众坚定不移跟党走。

《社会工作实务（高级）》2024 年模拟题（二）
答题思路分析与参考答案

第一题（案例分析题）

考题分析：

本题围绕"全龄友好社区建设"的政策文件，结合社区社会工作如何应对 A 社区的实际情况及需求来设计项目方案。考题要点在于社会工作服务项目方案设计的逻辑框架，包括服务背景、服务需求、服务目标、服务期限、服务设计、项目预算等。

参考答案：

A 社区"全龄友好社区建设项目"方案：

1. 服务背景。

2022 年 10 月，《住房和城乡建设部办公厅、民政部办公厅关于开展完整社区建设试点工作的通知》对外发布。通知明确，试点工作自 2022 年 10 月开始，为期 2 年，重点围绕完善社区服务设施、打造宜居生活环境、推进智能化服务、健全社区治理机制四个方面内容来探索可复制、可推广经验，推进适老化、适儿化改造，建设全龄友好社区。

A 社区作为其中一个试点社区，致力打造全龄友好社区，推动社区各年龄层居民参与社区服务，推进适老化、适儿化改造。基于此，B 社会工作服务机构将派专业的社会工作者进驻，设计并实施 A 社区"全龄友好社区建设项目"。

2. 服务需求。

根据社会工作者开展为期一周的社区走访及需求调研，发现 A 社区存在以下服务需求：（1）社区服务设施适老化、适儿化有待提升：A 社区的服务设施较为齐全，包括医院、公园、健身设施等，且社区环境优美，居民生活条件较为优越，社区中儿童及长者人数占比较大，但很多居民反映公园中的设施大多数都是现代化健身器材，要不就是长期被日晒雨淋，不大适合儿童及长者使用。（2）社区生活环境较好，但人文环境有待提高。据社会工作者了解，A 社区中的邻里关系较为冷漠，社区居民之间很少打招呼，也较少参与社区服务。（3）社区智能化服务有待优化的完善。根据社会工作者调研发现，很多家庭反馈对社区很多的服务都不大了解，如很多家长反映并不知道社区里面有哪些育儿机构及平台，也不大会操作社区推出的一些线上智慧 App。（4）居民参与社区治理平台欠缺，治理机制有待健全。社会工作者在调研中发现，社区中有一些自发形成的社团，有舞蹈团、唱歌团，社区中也有一些老党员会默默地帮助邻里，他们对社区的建设也有一些想法，但很少在公众场合发表言论。

3. 服务目标。

（1）目的：在 A 社区党建引领下，围绕完善社区服务设施、打造宜居生活环境、推进智能化服务、健全社区治理机制四方面内容探索可复制、可推广的经验，推进适老化、适儿化改造，建设全龄友好社区。

（2）目标：

①建立社区治理机制，推动社区多元力量参与全龄友好社区建设。

②通过社区议事机制，推动社区服务设施适老化、适儿化改造。

③成立社区睦邻志愿组织，提高社区人文关怀氛围。

④推行社区智能化教育，提高社区智能化服务水平。

4. 服务期限：一年。

5. 服务策略。

策略一：建机制，共治理。

建立社区居民参与社区治理的议事协商机制、矛盾化解机制、社区参与机制等，推动社区多元力量参与全龄友好社区建设。

策略二：共议事，建设施。

邀请社区领导、社区党员、社区居民共同参与社区议事，共同为建设适老化、适儿化社区服务设施而做出治理行动。

策略三：育组织，显人文。

在社区党委领导下，为社区居民提供邻里互动服务，并注重培育社区睦邻志愿组织，通过提供邻里互助关怀服务，营造社区人文关怀氛围。

策略四：推智能，提服务。

动员多元力量推出社区智能地图，配合开展社区智能知识普及教育，以协助社区推进智慧物业管理服务平台与城市运行管理服务平台、智能家庭终端的互联互通和融合应用，提供一体化管理和服务。整合家政保洁、养老托育等社区到家服务，链接社区周边生活性服务业资源，建设便民、惠民智慧生活服务圈，搭建社区线上、线下智能服务圈，建设全龄友好智能化社区。

6. 项目预算。（略）

第二题 （案例分析题）

考题分析：

本题考查儿童社会工作领域的内容，具体包括儿童社会工作实务的原则、儿童面临的问题以及儿童社会工作的主要内容。考生需要熟悉人类行为与社会环境的相关知识、掌握案例分析的方法，以及儿童社会工作实务中的工作原则、儿童阶段的问题及对应的介入策略。

参考答案：

1. 儿童社会工作实务的原则。

（1）儿童中心的原则。不论是开展个案工作，还是团体辅导或者社区工作，儿童社会工作都必须围绕儿童来开展。这个原则决定了在任何环境中，儿童社会工作者都要倡导和遵循儿童优先的理念。

（2）服务个别化原则。尽管儿童是一个具有许多共同特点的群体，但每一个儿童个体因为自身条件和家庭环境的不同，都有自己独特的成长史，从而形成了各不相同的个性特征。无论是开展支持性服务还是治疗性服务，儿童社会工作者都需要将每一名儿童看成独立的个体，尊重每一名儿童的独特性，为其提供个别化服务，以实现促进儿童健康发展的服务目标。

（3）儿童发展的原则。儿童的最大特点就是成长和发展，因此，儿童社会工作者需要遵循儿童成长和发展的特点，确保所有的服务都是有利于其成长、发展的。因此，儿童社会工作者永远都需要将促进儿童最大限度地发挥自己的潜能、帮助儿童建立良好的同伴和家庭关系作为服务目标。

（4）儿童参与的原则。"助人自助"是社会工作遵循的最高原则，要通过服务来帮助儿童实现这个目标，就必须在儿童服务过程中，随时鼓励儿童参与服务，通过体验参与同伴、参与家庭和参与社会，来获得归属感、荣誉感和责任感，培养儿童的社会能力，实现儿童的自我成长。

2. 小梅面临的问题。

对于儿童而言，其需求主要包括生存的需求、爱的需求、学习的需求、游戏的需求、被保护的需求等。案例中，小梅3岁，这一年龄段属于幼儿期，这一阶段儿童的问题是分离焦虑，处于早期的儿童会出现恐惧；他们害怕环境中出现陌生物体或新事物、新面孔；害怕黑暗；害怕睡觉。在此阶段，外界环境的作用逐渐显现，一些个体开始出现行为及心理偏差，比如过度依赖、说谎、攻击性行为等。这一阶段的主要资源是父母和家庭。父母的资源包括他们对儿童的接纳能力及感受，以及他们掌握的有关儿童发展的知识。根据埃里克森心理社会发展理论，在1.5～3岁，儿童的主要冲突是自主与羞耻、怀疑的冲突。根据以上理论，小梅面临的主要问题有：

（1）从需求层面来看，小梅生存的需求和被保护的需求都能够基本被满足，但学习需求、游戏需求、爱的需求以及社会化需求并没有被充分满足。

（2）从小梅的生长阶段面临的问题来考虑，小梅的问题包括断奶较早，和父母接触的时间太少，导致小梅有严重的分离焦虑，所以她出现了看到陌生人会害怕、经常哭闹、害怕睡觉、不爱吃饭、不合群等行为。

（3）小梅的父母缺乏必要的关于儿童发展阶段及育儿的知识，也缺少对小梅的关爱及陪伴。而奶奶作为小梅的主要照顾人，缺乏对小梅的发展需求及教育知识，小梅在家庭中未能接受到适合的家庭教育。

3. 社会工作的介入策略。

按照埃里克森心理社会发展理论，小梅在这一阶段不合群、经常哭闹，说明她在自主与羞耻、怀疑之间的冲突还是比较强烈的。针对小梅的问题，儿童社会工作者可以从以下几方面来进行介入：

（1）和小梅建立良好的信任关系，对小梅进行社会化引导。3 岁的儿童已具备简单的思维和能够进行交流的语言表达能力，所以，社会工作者可以通过游戏、绘本等与小梅建立良好的信任关系，并对她进行进一步的身心健康、多元智能评估，给予小梅支持、鼓励，并对小梅进行社会化引导，以帮助小梅更好地处理分离焦虑、人际焦虑，此外，还可以让小梅接触有良好行为习惯的朋友。通过朋辈群体的影响，小梅可以养成良好的生活习惯。

（2）传播理念和知识：为小梅的父母提供儿童发展方面的知识，使他们能够更好地给予小梅充足的爱，为小梅提供良好的教育环境和成长环境。

（3）亲职辅导：亲职辅导是指根据家长需求提供的如何做好父母的指导和教育工作。对于小梅面临的问题，社会工作者可进一步与其父母进行沟通，并通过一对一辅导的方式，为其父母提供正面管教的技巧及方法。鉴于小梅的母亲生意繁忙，社会工作者可以通过角色模仿等方式来为她介绍多种和孩子沟通的方法，增强母女关系，让小梅感受到母亲对她的关爱，减少焦虑。

（4）联系幼儿教育机构，让小梅通过亲子课程来增加亲子互动的机会，并且寻找小梅和伙伴互动的机会，引导她学会和伙伴友好相处。

（5）对奶奶进行辅导。因为小梅还没有上幼儿园，所以要对看护她的奶奶进行幼儿知识辅导。

第三题（案例分析题）

考题分析：

本题考查社区社会工作领域的相关内容。主要涉及的是有关社区参与的概念、社区参与的层次及形式、社区参与的影响因素、推动社区居民参与的策略几大内容。考生需要结合社区社会工作实务的相关内容，参考过往的考题来进行分析即可。

参考答案：

1. 社区参与的概念、层次及形式如下：

（1）社区参与的概念：社区参与是指社区居民共同期望社区进步与发展，愿意投入思想、行为，也投入个人有形或无形的资源，包括时间、金钱、劳力等，并通过这种个人参与社区活动的过程，来增强个人对社区的认同感，而这种认同感又能够转化为个人对社区环境的情感认知，也就是形成了对社区的归属感。可见，社区参与体现的是一种合作过程，通过社区居民的参与，分享决策权力，同时也必须对决策后的结果承担共同责任。

（2）社区参与的层次及形式：

①告知。属于最低层次的参与。社区居民单方面地获得上级对社区进行建设或改造的规划和信息，却没有任何机会来改变既定规划。有关部门传递这些信息的目的通常是便于说服社区居民接受他们的观点和规划，重点是为了宣传。这种参与方式代表的是一种"自上而下"的沟通过程。

②咨询。比"告知"上升了一个层次。有关部门除了告诉基层社区、重要利益关系人和相关组织将要进行社区建设或改造的规划和信息，还会进一步征求他们的意见，同时也会在规划、修订过程中考虑他们所提出的意见。

③协商。社区在进行建设和改造时，邀请受此影响的社区居民一起了解和讨论计划内容，推动居民成为决策过程的一分子。不过，虽然居民被邀请参加了决策过程，但社区建设或改造的最初设计者通常会设定讨论议题的范围，限定其他参与者的决策权。

④共同行动。在决策过程中，社区建设或改造的规划由大家共同决策，并在决策过程中分配任务，让大家共同承担执行责任，形成分工与合作。

⑤社区居民自治。这是最高层次的参与形式。由社区自己决定什么是本社区重要的事务、何时去做、如何做等议题，并负责执行这些决策。在这种情况下，社会管理者和专家只是提供信息和专业知识，能够帮助社区周详考虑、审慎决策。这种参与形式代表着"自下而上"的培育过程。

在上述五个层次和形式中，从结果层面来看，对决策结果完全没有影响的是"告知"，而对决策结果有全面影响的是"社区居民自治"；从过程层面来看，既不需要教育或能力，也不需要权力、责任和沟通的是"告知"，不仅需要教育或能力，还需要权力、责任和沟通的是"社区居民自治"。总之，居民参与的层次越高，越能够充分反映社区居民的意见，也越能符合社区的需求。但实际上，社区问题往往非常复杂，涉及当代的历史背景、人情关系、居民组成等，因此，不同的社区、不同的时机会采用不同的参与形式。

2. 案例中，影响社区居民参与的因素。

（1）参与价值。社区居民对参与社区事务通常会有三种态度：第一种是不关心，即认同"各家自扫门前雪，不管他人瓦上霜""事不关己，己不劳心"等观念，其参与社区事务的倾向就会较低；第二种是自责，认为问题的产生是因为自己无能；第三种是无用感，认为自己的参与并不能影响和改变目前的状况，缺乏参与的热情。显然，影响 C 社区居民参与社区事务的是他们参与社区事务的价值体现，如社区老党员会认为参与无用，提了意见也没有人听，更不会采纳他们的意见，多说无益。而很多居民则会认为这是居委会的事情，与自己无关，并未看到参与的价值所在。

（2）参与意愿。即使社区居民肯定参与社区事务的价值，但仍要看其是否愿意或有动机参与其中，并身体力行。参与意愿受参与者的主观因素控制，通常是居民个人主观作出判断，决定参与并付诸行动，但居民有时候也会受客观环境的影响，如家人或朋友的赞成和支持会推动居民有较高的意愿和动机来参与社区事务。在案例中，有部分居民表示现在社区存在的停车难的问题他们有关注到，也认同居民要自己去参与讨论和解决，但是家人不大支持，而自己也觉得多一事不如少一事，反正也没有人邀请，也没有反馈制度。可见，居民受社区参与机制、家人等的影响而缺乏参与意愿。

（3）参与能力。参与能力可能受两个主要因素的影响：第一个是时间和金钱。社区居民参与是要付出代价的。例如，参加居民大会、小组会议或研讨会，他们都要利用业余时间，有时甚至是上班时间，参与各项工作或活动，需要交通费和餐费等支出。居民支付这些时间和金钱的能力，会影响其参与行为。第二个是知识与技巧。参加各种会议需要掌握有关开会的知识和参与讨论的技巧，如果社区居民既没有参与经验，又缺乏有关的组织技巧及决策的相关知识等，就会阻碍其参与社区事务。在案例中，社会工作者小林了解到，社区中大部分的社区居民都表示平日里自己忙于工作及生活，既没有时间也没有能力参与社区问题的讨论和解决，也从来不知道该怎么参与。可见，社区居民的参与能力限制了其参与社区事务。

3. 结合案例分析，社会工作者小林推动社区居民参与的策略。

（1）建立社区参与机制，搭建社区居民参与平台。案例中，社会工作者小林通过走访，了解到一直以来的社区参与的层次及形式主要是"告知"，未能建立相关的社区参与机制及平台，导致社区居民参与意愿低、参与价值感低。因此，针对这种情况，社会工作者应该充分与社区进行沟通，坚持党委领导、政府负责、民主协商、社会协同、公众参与、法治保障、科技支撑的原则，建立社区议事协商机制、矛盾预防机制、利益表达机制等，搭建社区居民参与平台。

（2）促进社区居民对参与价值的肯定。由社区党委引领，社会工作者通过开展系列的社区教育和社区宣传，来逐步唤醒居民对社区问题的关注，改变他们对社区的冷漠态度，增强其对参与成效的信心。特别是对于社区老党员群体，他们有意愿、有能力参与社区事务，但因为看不到参与的价值而却步，对此，社会工作者可以建议社区党委出面，邀请社区老党员以及社区中有意愿、有能力参与的社区居民出席参与社区研讨会、座谈会等，征集他们对社区停车难的问题的看法及建议，并及时做好相应的跟进及反馈。另外，还可以通过组织开展居民大会、社区展览会、教育讲座、记者招待会和公布社区调查结果等活动，来提升社区居民对参与社区事务价值的肯定。

（3）提高社区居民的参与意愿。一方面社会工作者需要充分考虑社区居民家人和朋友对其参与意愿的正负面影响，通过日常开展探访、便民关怀服务、邻里互助服务、各群体应需服务等活动，与社区居民建立信任关系。在此基础上，进一步邀请和鼓励他们积极地参与社区停车难的问题的讨论，及时掌握社区支持参与及反对参与的家庭情况，有针对性地进行解说及动员，从而动员社区居民参与社区事务的讨论及行动。另一方面，社会工作者要考虑到居民参与意愿很大程度上决定于所参与的社区事务是否与他们的生活或利益密切相关。因此，社会工作者在解决社区停车难的问题上，优先邀请受此问题困扰或有相关利益的居民参与，并立足社区公众利益来邀请社区居民畅所欲言，共同建立公平、公正、公开的议事协商机制及行动机制，从而提高社区居民的参与意愿。

（4）提升社区居民的参与能力。首先是进行参与知识和技巧的培训。可采用个别培训或小组训练的方法，来帮助社区居民了解参与各类组织与活动的过程，提高他们的表达、沟通、讨论等技巧，更重要的是协助他们掌握社区的基本资料和最新动态，以便在讨论时能充分论证，具有说服力。而培养民众对社区的信心也是成功参与的重要环节。在此基础上，社会工作者也需注意挖掘社区居民骨干，进一步培育社区社会组织，以便更有力地推动多元力量参与社区治理。其次是妥善处理时间与资源的缺乏问题。在时间方面，社会工作者有责任安排适当的开会时间、地点，尽量满足社区居民的要求；在资源方面，可以提供适当的资金支持与补助，但在经济方面要格外谨慎，避免养成参与者在经济方面的依赖性。

第四题 （论述题）

考题分析：

本题主要涉及的知识点是在中央社会工作部机构设置和党的二十大提出中国式现代化新命题的背景下中国社会工作本土化发展面临的新机遇和新挑战。考生一方面要对近年党和国家在机构改革、国家发展战略等方面的新提法、新任务有基本的了解；另一方面还需要学会将专业社会工作的发展放置在中国式现代化的"大环境"中，去思考"大社会工作"的发展路径和专业社会工作的"新本土化"要求。

参考答案：

1. 在中央社会工作部机构设置的新格局下，如何推进"大社会工作"的均衡发展。

"大社会工作"是从与经济建设相对应的社会建设的角度来看问题的社会工作，是宽口径的社会工作，是中国共产党统领社会力量、解决社会领域的问题、加强和创新社会治理、推进社会建设的工作。虽然在"大社会工作"的框架下，社会工作并不是指专业社会工作，但是基于现实和目标，专业社会工作和有一定专业性的社会服务都是十分重要的。专业社会工作可以运用自己的专业优势，在党政的主导下发挥解难题、惠民生、暖民心的作用，通过专业社会服务来协助党和政府解决某些社会治理方面的问题，对提高服务对象的获得感、安全感和认同感是有效的。

（1）更好地促进社会工作人才的量质共进。近年来，我国的社会工作人才数量大幅度增长，但是整体质量不够高，这支队伍还不能完全适应改善民生和创新社会治理的需求。

（2）改变社会工作人才培养与使用不匹配的现象。由于各部门系统开发岗位的力度不足，存在社会工作专业人才"用非所学"的问题。专业社会工作人才被闲置，人才流失也屡见不鲜。党的社会工作部门统筹指导社会工作发展可以在一定程度上解决这种不匹配的问题。

（3）社会工作在基本社会服务、社区治理和社区矫正、戒毒康复等领域有一定的发展，但在医疗、养老、学校、乡村振兴等领域发展较慢；工会、妇联、残联系统的社会工作发展迟缓。党的社会工作系统可以有力地推进社会工作在这些重点领域和其他相关领域的发展。

（4）大力发展作为社会力量的专业化、本土化、职业化社会工作人才队伍，此外，还有必要在体制内建立一支素质高、能力强的社会工作专业队伍，落实必须由政府直接实施的社会政策，如在司法领域、社会救助核查等方面开展管理型服务和服务型管理，这也可以看成是社会工作发展的某种均衡。

2. 中国式现代化背景下社会工作"新本土化"的重点实践领域。

"新本土化"是指专业社会工作在以往本土化的基础上，进一步认识社会工作发挥作用的制度结构条件及文化特征，并了解社会问题的解决逻辑，提升自己的知识和专业能力，吸收本土社会服务的经验，进而有效地解决社会问题的行动和过程。"新本土化"

与"本土化"概念的不同之处在于强调"新","新本土化"是专业社会工作在新的经济社会条件下的本土化，是在更宽领域、更大视野、更高层次上的本土化，也是在重要领域和重大问题上的本土化。它表现为专业社会工作可以更深入地进入重要的相关领域，更有效地发挥作用；不是独立地、纯自我反思性地选择适合的理论和方法，而是在与其他相关方面的共同实践中，进行专业介入并发挥作用的过程。

（1）社会救助和增进民生福祉。对于社会工作来说，传递社会福利，对特殊困难群体给予基本社会保障和社会服务是其最基本的职责，我国的社会工作也是这样做的。但是随着经济社会的发展，对特殊困难群体的社会救助，已不再局限于救济资源的传递，而是包括社会救助服务、生活环境的改善和促进其社会参与。社会工作服务不仅保障服务对象物质生活上的安全，还要关注其生活的意义，关注其应对不利环境的能力的提升或发展。无论儿童还是老年人都是如此。这就需要对特殊困难群体的民生服务进行更广义的理解，并致力于实现目标。

（2）助力共同富裕。实现共同富裕已经成为党和政府带领人民走向未来的旗帜和奋斗目标。社会工作助力包括特殊困难群体在内的共同富裕是义不容辞的。为了补特殊困难群体和低收入群体的共同富裕的短板，社会工作在促进共同富裕方面应该有更强的动力。按照党中央制定的战略规划，要以辛勤劳动、互相帮助、发展公共服务为基础，在发展中保障和改善民生，通过三次分配来促进共同富裕。以往，社会工作主要通过实施社会救助来帮助特殊困难群体维持基本生活，在助力共同富裕的进程中，社会工作应该在更多层面上介入和发挥作用。

（3）参与乡村振兴。促进乡村振兴已经成为我国全面建设社会主义现代化国家的重大战略任务。它涉及国内、国际双循环新发展格局的建构，关乎我国城乡协调发展、"三农"发展和社会稳定，具有十分重要的意义。进入新发展阶段，"三农"问题应该逐步得到解决，发展社会工作已经写入党和政府的乡村振兴政策与规划中。农村社会工作不应该局限于社会救助兜底，而应该以社会救助及服务为基础，在更大领域和更深层次上促进特殊困难群体基本生活问题的解决，参与乡村社会建设和经济社会发展。农村居民关注的是自己的经济社会生活，社会工作应该以综合性和整体视角介入乡村振兴，从生计和民生的角度促进村庄和农村居民的发展。这就需要不同于以往的"新本土化"视角。

（4）城镇化中的社会适应与社会融合。城镇化是国家现代化的重要组成部分。改革开放以来，我国经历了复杂的、大规模的城镇化过程，其中包括大量农民工进城成为常住人口或流动人口，也包括在脱贫攻坚过程中将一些贫困农村居民迁往城镇。这既给迁移人口带来了新的发展机会，又可能给缺乏生存能力的迁移群体带来生活上的困难，一些迁入城镇的农民（特别是中老年农民）的社会适应和社会融入成为问题。在现代化新发展阶段这些问题应该得到妥善解决，社会工作应该开阔视野，在其中发挥更加积极的作用。

（5）促进基层社会治理。社会治理重心下沉已成为党和政府近期与未来一段时间的工作重点。镇街村居层面的社会治理任务艰巨，因此畅通和规范社会工作参与社会治理的途径应该得到切实执行。从现代化发展新阶段基层社会问题的复杂性和基础性来看，社会工作必将在更多层面、更有效地参与基层社会治理，社会工作者必须学习新知识，更全面地了解基层社情民意，与基层政府、基层自治组织和其他社会力量一道，来促进基层社会治理，惠及民生。

（6）参与基本公共服务。长期以来，社会工作主要着力于特殊困难群体的基本社会保障，公共服务主要由政府部门负责。在新的发展阶段，社会工作要继续提供面对特殊困难群体的基本社会服务，也要提供面向广大居民的基本公共服务。如果基本公共服务做好了，包括特殊困难群体在内的广大居民的基本生活就会得到改善，社会工作服务就会产生更高的社会效益。在新发展阶段，社会工作不应该回避公共服务，而要以自己的专业优势参与基本公共服务。这同样需要拓宽社会工作界的视野，提升自己在政策层面和服务层面开展工作的能力。

《社会工作实务（高级）》2024年模拟题（三）
答题思路分析与参考答案

第一题（案例分析题）

考题分析：

本题主要涉及儿童个案研究报告的知识领域。主要考查对儿童社会工作领域的知识、个案研究的方法、研究报告的格式的认识。考生首先要熟读案例，深入分析服务对象面临的困境，聚焦服务对象的困难；其次要掌握个案研究的内容、具体工作流程；最后要根据研究报告的格式，包括研究题目、研究问题、研究目的、研究内容、研究方法、资料收集与分析方法、研究现状、存在问题及原因分析、对策建议九个部分，并结合个案研究方法的内容，回答本题。

参考答案：

社区困境儿童帮扶个案研究报告

一、研究题目

社会工作介入社区困境儿童帮扶个案路径及策略研究。

二、研究问题

1. 了解社区困境儿童的现况；

2. 影响社区困境儿童发展有哪些因素；

3. 社会工作如何介入社区困难儿童帮扶工作。

三、研究目的

探讨社会工作介入社区困境儿童的帮扶策略及路径，为开展社区困境儿童帮扶工作提供参考，助推社区未成年人保护工作。

四、研究内容

1. 社区困境儿童面临的问题及成因；

2. 影响社区困境儿童发展的重要因素；

3. 社会工作介入社区困境儿童帮扶的可行策略。

五、研究方法

采用定性研究的方式，运用现场观察、访谈、参与性和非参与性观察、资料分析、案例研究等方法，对社区困境儿童社会工作的介入情况进行研究分析。

六、资料收集及分析

1. 个别访谈：与案主浩浩及其父亲、奶奶进行访谈，收集案主浩浩的日常生活情况及可能存在的困境情况。

2. 焦点小组访谈：组织社区未成年保护工作人员、民政专干、妇联、浩浩老师等代表进行焦点小组访谈，以浩浩的个案为例，来分析社区困境儿童的现状，共同探讨社区困境儿童问题产生的原因及目前服务的现况，讨论可行的介入策略。

七、研究现状

2020 年 10 月 17 日，第十三届全国人民代表大会常务委员会第二十二次会议第二次修订《中华人民共和国未成年人保护法》，自 2021 年 6 月 1 日起施行。修订后的未成年人保护法在家庭保护、学校保护、社会保护、司法保护和法律责任各章，从不同方面做出相应的规定，明确和最大限度地保障了未成年人的权利。

为更好地推行社区未成年人保护工作，更大程度地确保社区未成年人特别是困境儿童的权利及权益，社区有必要开展相关的研究工作，以指导社区困境儿童的服务设计及开展。而社会工作者通过了解及查阅社区以往的资料，发现社区未开展过有关社区困境儿童的现状及介入策略研究。基于此，社会工作者从浩浩个别案例入手，开展个案研究，以了解社区困境儿童的困难和需求，探索社会工作有效的介入路径。

八、存在的问题及成因分析

1. 家庭因素：首先，浩浩作为一个非婚生育的孩子，父亲忙于生计，母亲失联，其长期依托奶奶生活，奶奶也体弱多病，导致家庭对浩浩的关爱缺失；其次，浩浩的家庭经济来源主要依靠政府救助金和父亲打零工的收入，经济困难，导致浩浩出现营养不良及自信心缺乏的情况。

2. 学校因素：学校作为儿童生活学习的重要场所，针对困境儿童的情况，学校未开展相应的困境儿童帮扶服务。社会工作者通过研究发现，对于浩浩无法融入学校生活的情况，学校未开展有关的适应性帮扶工作，而校方也坦承目前仍未构建较为完善的介入服务体系。

3. 社区因素：社会工作者通过调研，了解到社区有关儿童工作部门如妇联、未成年人保护站等，未就困境儿童进行走访识别、评估及帮扶，且暂未提供有针对性的友好儿童社区建设服务。

九、对策及建议

以浩浩个案为例，针对目前社区困境儿童的现况，建议从以下几方面开展社区困境儿童帮扶及保护工作。

1. 加强社区儿童家庭亲职帮扶工作：应对社区困境儿童的困境，开展亲职帮扶工作。一方面提供有关课后辅导服务，弥补家庭父母无暇教育子女的管教空缺；二是开展亲职教育技巧辅导，为社区困境儿童的父母提供有关亲职教育的技巧辅导，帮助社区家长学会去关怀及教育子女。如对于浩浩，社区应该为其搭建课后辅导服务平台，社会工作者面向浩浩爸爸、奶奶开展亲职教育辅导，教授其正面的管教技巧和方法，以增强浩浩的家庭支持及保护。

2. 加强学校学生融入性服务：首先，应在学校开展融入性教育服务，对新生及各种融入校园生活有困难的学生进行融入性辅导及帮扶；其次，学校应该构建困境儿童帮扶服务体系，以更好地助力困境儿童获得学校层面的支持。如对于浩浩，学校可以从学校班级氛围建设、班级团康辅导、朋辈社交活动、校园友好行动计划等层面来开展相关服务，以帮助浩浩更好地融入校园环境，增强朋辈支持、师生支持。

3. 加强友好儿童社区建设：一是加强社区困境儿童政策的制定及落实，保障社区困境儿童的生活；二是加强社区儿童设施建设，创造有利于社区儿童成长的友好社区环境；三是开展关爱社区儿童倡导工作，动员社区力量，共同参与社区儿童关爱及保护行动，维护社区儿童的权益。

第二题（案例分析题）

考题分析：

本题主要涉及的知识点是老年社会工作、社会工作理论。考查优势视角理论的内涵、老年社会工作服务的内容。考生首先要理解优势视角理论，其内涵包括个人优势、环境优势、个人缺失、环境缺失；其次要根据案例分析李婆婆面临的经济、照顾、情绪和心理压力等方面的困难；最后能结合优势视角理论，充分发挥个人优势和环境优势，运用资源策略和专业服务介入去弥补个人及环境的缺失，提出有效的介入策略。

参考答案：

1. 根据以上材料，李婆婆有以下需求：

（1）心理陪伴的需求：李婆婆在老伴儿去世后，心情变得压抑和焦虑，而且还要照顾两个孩子，生活方式相对比较单一，平日里想找人说说话，都不知道找谁，心里害怕别人议论自己和自己的孩子。

（2）舒缓情绪压力的需求：李婆婆自老伴儿去世之后，一个人承担起养家的责任，每日照顾两个子女的生活起居，每次想到孩子的情况，就觉得压力很大，无法入睡。

（3）重建社会支持的需求：需要帮助李婆婆重建社会支持网络，给予情感和生活上的支持，鼓励李婆婆参与社会互动，早日从低落的情绪阴影里走出来。

2. 用优势视角的内涵，来分析李婆婆的优势和缺失。

（1）优势视角的内涵：优势视角认为人是可以改变的，每个人都有自身的特长和内在品质，拥有独特的资源以及掌握与资源建立联系的方式，具备克服困难的能力，即便是处在严重困境中的个体，也具有他们自己从来不知道的与生俱来的潜在优势。基于社会工作"助人自助"的服务理念，在社会工作助人的过程中，关注的焦点应该是李婆婆以及她所在环境中的优势资源。在服务中协助李婆婆挖掘自己身上的闪光点以及周边的优势资源，引导李婆婆走出情绪困扰，获得更多的社会支持。

（2）李婆婆的优势和缺失分别有：

层面	优势	缺失
个人层面	一是身体比较硬朗，能够自我照顾及照顾两个生活无法自理的孩子；二是性格和善，邻里关系比较好；三是自理能力强，李婆婆虽然一个人要照顾两个孩子的生活起居，但是李婆婆把家里收拾得井然有序	一是患有慢性疾病；二是一个人照顾两个残疾孩子，没有帮手和可倾诉的对象；三是未能掌握比较好的情绪疏解方法，容易失眠
环境层面	一是居住环境，李婆婆一家居住在一楼，出行比较方便，住房属于老旧小区，与一部分邻里比较熟悉；二是社区资源，李婆婆所居住的社区对李婆婆平日的关心比较多，经常帮扶李婆婆；有相关的政策帮扶，能够帮助其缓解经济压力	一是房子老旧，光线不足；二是有个别邻居会议论李婆婆的儿女

3. 运用优势视角理论，社会工作者可以从以下几方面来为李婆婆提供服务。

（1）爱与陪伴，获得信任：社会工作者主动关心李婆婆，与李婆婆建立信任关系。同时，也要主动了解李婆婆的需求和想法，评估她所拥有的资源和具备的能力。

（2）情绪疏导，释放压力：社会工作者耐心地倾听让李婆婆感到焦虑、不安与烦躁的事情，并提供专业的心理疏导服务，让李婆婆自己掌握释放情绪的方法。

（3）朋辈支持，提升能力：社会工作者可邀请李婆婆加入社区长者支持小组，在小组中鼓励李婆婆分享自己日常控制血压的方式，增强李婆婆的自信心；同时在支持小组中，参与式地学习其他组员应对自身慢性疾病以及照顾家属的方法和技巧，在互动中获得情感上的支持。在这个过程中，协助李婆婆提升处理问题的能力，协助其学习如何更好地应对生活中出现的问题与困境，提升李婆婆自身的能力。

（4）挖掘资源，搭建支持网络：社会工作者通过链接社区资源来为李婆婆提供支援服务，例如链接医院、慈善基金会等正式资源，帮助李婆婆链接相关的医疗、经济支持；联系志愿者协助李婆婆照顾并完成子女的清洁护理工作，链接商家等资源为李婆婆儿子提供爱心护理用品；发动邻居形成"帮扶互助"联盟等，以搭建李婆婆正式与非正式的支持网络。

第三题（案例分析题）

考题分析：

本题主要涉及的知识点是社会救助社会工作、社会工作理论。考查认知行为理论的主要观点、低收入群体的需求及介入策略。考生要掌握认知行为理论的主要观点，要认识理性情绪治疗模式的内涵；结合如何改变低收入群体的非理性信念，为发展服务对象的理性思维提供有效的介入策略。

参考答案：

1. 认知行为理论的主要观点。

认知行为理论有一个特点：社会工作者在助人过程中所扮演的角色有两个：一个是教育者、一个是伙伴。这是其他理论所没有的。

认知行为理论是由行为主义和认知学派整合而来的。在认知学派看来，认知和行为是一体两面的关系，二者不可分离。人的行为大都是心理、行为与环境互动的结果，心理、环境以及行为结果的反馈都会引起行为的调整。情绪发挥润滑剂的作用，正向情绪带来积极的思考和行动，负向情绪带来消极的思考和行动。认知学派认为，在认知、情绪和行为当中，认知发挥着中介与协调的作用。

美国心理学家埃利斯的"情绪 ABC 理论框架"认为，如果一个人有正确的认知，那么他的情绪和行为就有可能是正常的；如果他的认知是错误的，则他的情绪和行为就可能是错误的。因此，认知就成为治疗的焦点，简单来说就是要改变错误认知，形成正确认知，以达到改变人的情绪和行为的目的。认知行为理论将认知用于行为修正上，强调认知在解决问题过程中的重要性，也强调内在认知与外在环境之间的互动，认为外在的行为改变与内在的认知改变都会最终影响个人行为的改变。

2. 案例中，因病致贫的服务对象存在以下非理性认知：

（1）贴标签：贴标签是指评价者不是根据实际情况来具体分析，而是以内心的刻板印象（成见）来评价外界事物的思维方式。社会工作者通过了解，发现一部分因病致贫的服务对象认为"自己之所以生活困难，完全是因为自己的命不好，这个世界对我不公平"，可见，服务对象存在"贴标签"的非理性认知，给自己贴上"命不好"的标签，并进行外归因，认为都是因为命运和世界对自己不公平，所以自己才生活困难的。

（2）个人化/内归因：个人化的思维是指个体相信别人都是因为自己才产生消极行动，而不考虑其他更有可能的解释。案例中，有部分服务对象认为"我的家庭那么困难都是因为我没用，我做什么都不行，我简直就是废人一个"，可见，服务对象认为家庭困难是他个人导致的，而自己是"无能的""无用的"。

（3）糟糕至极/灾难化：灾难化又被称为认命，是指服务对象对未来有过分消极的预期，往往把一次失败看成是一场灾难。案例中，有个别服务对象认为"未来没有希望，如果继续这样下去，我们全家都会完蛋"，可见服务对象对未来过分消极。

3. 基于认知行为理论，社会工作者面向因病致贫服务对象的主要介入策略。

基于认知行为理论，社会工作者协助因病致贫的服务对象改变现况，主要可以分为三步：

（1）深入调研，识别非理性认知：社会工作者需要对社区内 37 户因病致贫的服务对象进行深入走访，详细地了解他们对目前自己困境的看法及应对问题及困境的自我处理方式，并从中识别出存在非理性认知和信念的服务对象，后续运用认知行为治疗技术来进行介入。

（2）自我观察，认知重建：针对存在非理性认知的因病致贫服务对象，社会工作者可以通过采用个案面谈辅导、认知行为小组辅导的方式，来教授方法协助他们进行自我观察，让其识别自身的认知局限，协助其进行认知重建。可以采用的方法有示范学习，引导服务对象去观察一些同样身处困境，但积极改变且依靠自我而脱贫的对象，让其明白"病"并不是其致贫的主要原因，而是其自身因病而没有积极求变所导致的，促使其改变非理性认知。

（3）学习新技能，形成新的行为方式：组织因病致贫的服务对象，成立互助及学习小组，一是通过互助小组，来分享抗病的办法，共同应对疾病；二是通过小组来学习各种脱贫的技巧，分享自力更生的做法，避免继续"等""靠""要"；三是通过互助学习小组，形成同行的力量，鞭策组员不断地将所学应用于实践，提升自力更生的能力，养成新的行为习惯，逐步实现脱贫。

第四题 (论述题)

考题分析:

本题考查《中共中央、国务院关于加强基层治理体系和治理能力现代化建设的意见》中"五社联动"的内容,涉及"五社联动"的内涵、"五社联动"推动基层社区治理的策略等。考生一是要深入学习文件内容,领会文件精神;二是要掌握"五社联动"推进社区治理的策略;三是要结合具体的实践来进行综合论述。

参考答案:

1. "五社联动"的内涵。

"五社"是指社区、社会组织、社会工作者、社区志愿者、社会慈善资源。"五社联动"是指以提升基层治理能力、建立"共建、共治、共享"的社会治理共同体为目标,坚持党建引领,社区居委会(村委会)发挥组织作用,以社区为平台、以社会组织为载体、以社会工作者为支撑、以社区志愿者为辅助、以社会慈善资源为补充的现代基层治理行动框架。

2. 作为一名社区社会工作者,从"五社联动"机制出发,可以从以下几方面来促进社区基层治理:

(1)坚持党对"五社联动"的全面领导:强化基层党组织领导核心和组织协调作用,加强对基层各类组织和各项工作的统一领导,以提升组织能力为重点,健全在基层治理中坚持和加强党的全面领导的有关制度。一是"五社联动"工作中涉及居民群众切身利益的重大问题和重要事项要由村(社区)党组织研究讨论后按程序决定。二是在社会组织中应建尽建党的组织,依法把党的领导和党的建设有关要求写入社会组织章程中,确保社会组织工作始终沿着正确的政治方向,始终服从、服务大局。三是抓好党建带群建,推动有条件的社会组织建立工会、中国共青团、妇联等组织。注重将社会工作者、社区志愿者及社区社会组织、社会慈善资源中的优秀分子发展成党员,推进形成以社区党组织为领导、以社区党员为骨干,包含社区居民、社区工作者、社会工作者、网格管理员、社区志愿者、社区社会组织成员及业主委员会、驻区单位等多方治理主体的"共建、共治、共享"的基层治理格局。

(2)加快拓宽"五社联动"依托载体:一是完善"五社联动"主体空间的建设,依托村(社区)综合服务中心、社会工作室、养老服务站(互助养老点)、志愿服务站点等服务设施,为推进"五社联动"、开展社会工作服务提供场地、资源和人力支持。二是开展培育发展社区社会组织专项行动,加大对服务性、公益性、互助性社区社会组织的支持力度,通过实施一批项目计划和开展系列主题活动,来促进社区社会组织进一高提升质量、优化结构、健全制度。三是加快培育发展社区基金会、互助帮困协会等公益慈善类社会组织,鼓励符合条件的社会组织积极登记备案,共同参与社区治理。

(3)不断丰富"五社联动"服务的内容:将"五社联动"机制嵌入基本民生保障、基层社会治理、基本社会服务工作,不断优化服务供给、丰富服务内容,为基层公共服务赋能。一是积极动员各方主体参与基层民主协商,重点推进社会救助、养老服务、儿童关爱、社区治理、社会事务等领域社会工作服务。二是引导社区社会组织采用社会工作的理念和方法,围绕社区扶老、助困、恤孤、助残及社区治理等领域,提供生活照料、文化娱乐、心理疏导、情绪支持、资源链接等服务。三是深化志愿服务,扎实开展志愿服务记录与表彰工作,鼓励社区志愿者发挥自身特长和优势,积极参与社区治理。

（4）深化创新"五社联动"运作机制:依托社区等各类社会服务平台,通过培育社区社会组织,整合慈善组织、企事业单位、社区志愿者等社会资源,采用微创投、微治理等形式,面向居民开展项目化的社区服务与活动。支持社会组织开发设计公益服务项目,引导公益慈善资金通过公益创投、积分激励、项目大赛等形式,来拓宽社区服务渠道。

（5）持续壮大"五社联动"人才队伍:一是通过完善激励政策、加强专业培训等方式,来鼓励社区工作者、社会组织从业人员等社会服务人员参加社会工作者职业水平考试或社会工作教育培训,提升转化为社会工作专业人才。用社会工作专业的理念和方法来创新基层治理,提高为民服务水平。二是实施社会组织骨干培育发展工程,培育骨干队伍。三是积极培育发展社区志愿服务队伍,动员基层党员干部、社区工作者等带头加入,发动社区居民、物业企业员工、社区社会组织成员投身社区志愿服务。四是健全社会工作者和志愿者协作服务机制,加强社区公益慈善项目策划和社会工作专业方法的运用,提高志愿服务专业化水平。

（6）全面促进"五社联动"供需对接:一是积极开展社区居民需求调研,摸清居民的多层次、个性化、专业化服务需求,盘活辖区内社会组织、社会工作服务机构、志愿服务组织、社会慈善资源等各类资源,制作基层社会服务需求清单、资源清单、项目清单,促进供需对接。二是规范社区协商运行机制和流程,将社区居民问题诉求通过议事协商的方式来进行分类、分责处理。推进互联网与"五社联动"的深度融合,建立"五社联动"信息收集、共享、调处、反馈机制,推动"五社"资源清单与居民需求清单的多渠道、便捷化、精准化对接,有效回应社区居民日益增长的社会服务需求。

《社会工作实务（高级）》2024 年模拟题（四）
答题思路分析与参考答案

第一题（案例分析题）

考题分析：

本题涉及的是老年人社会工作、老年人评估的知识，考查对老年人评估的能力，以及评估方案的撰写。考生需要掌握对老年人评估的内容及工具，以及评估方案的格式。评估方案包括的内容比较多，这里仅需要根据题目要求，即"评估对象、评估方法、评估内容、评估安排"进行简述即可。考生在答题时需要结合案例，列出答题框架，并根据框架来撰写相关内容。

参考答案：

1. 评估对象。

H 社区的 80 岁及以上的高龄老年人。

2. 评估方法。

（1）入户评估：社会工作者联动社区党员志愿者、居民志愿者等，入户探访社区高龄老年人，通过现场观察、面谈、运用相关的能力行为筛查表等方式来获取老年人的能力行为信息。

（2）电访评估：针对社区不便上门探访的老年人，社会工作者采取打电话的方式来获取老年人相关的能力行为信息，包括面向老年人家属或邻里来获取相关信息。

3. 评估内容。

社会工作者最常做的是老年人的基础性评估，这类评估一般是综合性的，除了收集老年人社会人口特征方面的资料外，通常还会评估身体健康、心理和情绪方面的安康、社会功能、日常活动能力、经济状况和环境安全五个方面的状况。评估的内容及工具具体为：

（1）在身体健康方面：主要是了解高龄长者的身体状况、是否患病等。评估工具一般包括疾病诊断、治疗和用药情况的筛查表。老年常见病、慢性病是评估的重点。此外，这方面的评估还会了解相关社会服务的使用情况。

（2）在心理和情绪方面：评估的重点是认知功能和情绪状况。认知功能包括近期记忆、程序记忆、定向能力、判断能力等。蒙特利尔认知评估量表是常被用来判断和衡量老年人轻度认知功能障碍的测量工具。蒙特利尔认知评估量表包括八项认知领域的测试：视空间与执行功能、命名、记忆、注意力、语言、抽象、延迟回忆、定向力。量表的总分是 30 分，得分越高表示认知功能越好。情绪状况的评估内容包括抑郁症状、焦虑症状和自杀意念等。常用的甄别抑郁症初步症状的检测工具是老年抑郁量表。量表包括观念、躯体症状和行为三个维度的测查。

（3）在社会功能方面：主要评估高龄老年人的社会支持情况、社交情况等。根据实际选择鲁宾的社会支持网络量表或肖水源的社会支持评定量表。前者主要评估受访者在家庭关系或者朋友关系方面的社会网络/支持程度；后者主要评估受访者的主观支持、客观支持和对社会支持的利用度。

（4）在日常生活能力方面：评估的重点是独立生活能力，包括自我照顾能力和独立生活能力，这对于高龄老年人而言，是非常重要的评估内容。常用的评估工具包括日常生活自理能力量表和工具性日常生活自理能力量表。

日常生活自理能力指的是人们在家庭和本地社区中生活所具备的最基础的能力。日常生活自理能力通过巴氏量表来评估。分数越高，表明受访者的日常生活自理能力越高。

工具性日常生活自理能力则是指人们在家庭和本地社区中生活所具备的相对较高水平的能力。

（5）在经济状况方面：重点是评估老年人是否存在经济方面的困难，而影响老年人的基本生活和健康维护。了解老年人的经济状况有助于识别他是否有资格享受社会救助或其他来源的经济或物质方面的援助。这方面的评估内容通常包括老年人个人的固定收入和共同生活的家庭成员收入。

（6）在环境安全方面：重点是评估家居环境的安全性，包括观察房屋总体修缮情况、家居有无安全隐患和基本的安全防护措施，确保老年人居住的环境对人身安全有保障。

4. 评估安排。

自社会工作者进驻后，半年内完成 H 社区所有高龄老年人的能力行为评估。

具体时间安排及人员分工，略。

第二题 (案例分析题)

考题分析:

本题主要涉及的是社会工作研究方法领域的知识。考查问卷调查的含义、问卷的类型、问卷调查及访谈法的优缺点,以及访谈提纲的设计等。考生需要熟悉这两类方法的具体内涵、实际应用,是进行定量研究和定性研究的两大典型方法,也是在实际的工作中进行需求评估时最常用的两种方法。

参考答案:

1. 问卷调查的含义以及问卷的类型。

(1) 问卷调查的含义。问卷调查就是依托问卷,针对取自某个社会群体的样本,收集资料,并通过统计分析来认识其特征。其形式是精心设计的问题表格,其用途是用来测量人们的行为、态度和状态特征。

(2) 问卷的类型。

根据填答方式,问卷分为自填问卷和访问问卷两种。

①自填问卷在收集资料时由被调查者填写答案。其问题和答案的用词应该精准和通俗易懂,题型不要过于复杂,题量适度,版面设计要利于激发被调查者的兴趣。如研究者在了解社区教育项目的效果时,就可以发布问卷,由参与者自行填答。

②访问问卷在收集资料时由访问员对被调查者提问并记录其回答,适合被调查者文化水平不高、调查问题较复杂的情况,但不太适合了解敏感性问题。

综上,小王在案例中使用的问卷星调查,属于问卷中的自填问卷,对老年人情况的收集有较大的局限性,难于较深入地收集资料,质量也难以保障。

2. 比较、分析问卷调查与访谈法的优缺点。

(1) 问卷调查的优缺点:

①优点:问卷调查采用匿名访问,有利于获得真实信息;收集较多人的资料,有利于中和个别人士的极端回答;收集数据的内容、时间、格式基本统一,从而资料处理起来相对容易并便于比较分析;在同一时段访问众多对象则可以节省不少资源。

②缺点:问卷调查要求调查员有较好的素质,这在大规模研究中较难达到;问卷调查要求被研究者有一定文化,对地域、职业等也有一定要求;在某些类型的问卷调查中调查员无法当面指导和记录,填答质量可能难以保障。

(2) 访谈法的优缺点:

访谈法较适用于实地研究,尤其是个案研究。其优点是适应面广、弹性大,由于可以当面互动,从而有利于发挥双方的主动性和创造性,对变化也可及时地做出回应,因此可获得较深入的资料。其缺点是主观作用强、规模小,不便涉及敏感性问题。

3. 访谈提纲。

针对入住安置房的老年人,社会工作者将参考以下访谈提纲进行访谈:

(1) 您是从什么时候入住安置房的?到目前为止,您觉得住在这边满意吗?如果从

1 到 10 分打分，您会打多少分呢？

（2）入住安置房之后，您的状态如何？（包括身体健康、心理和情绪方面的安康、社会功能、日常活动能力、经济状况和环境安全等）

（3）入住安置房之后，您每天的生活是怎么安排的？这跟入住前有什么变化吗？

（4）入住安置房之后，您认为好的地方和不好的地方是什么？

（5）入住安置房之后，您有遇到一些困难或问题吗？可以具体说说吗？

（6）目前，您希望获得哪些人以及哪些方面的支持呢？

（7）您希望社会工作者为您提供哪些服务？比如健康维护类的、社交康乐类的、参与志愿服务类的、家庭活动类的，等等。

第三题 （案例分析题）

考题分析：

本题涉及的是妇女社会工作和社会工作理论领域的知识。考查的是社会性别的定义、社会性别理论的主要观点、家庭暴力的干预措施。考生需要了解家庭暴力的概念、原因、干预措施；熟悉社会性别理论的内涵、妇女社会工作的基本原则。根据上述的理论知识，结合考题中案例的具体情况进行分析，形成有理有据的答案。

参考答案：

1. 社会性别的定义及其理论的主要观点。

（1）社会性别的定义：

社会性别是从女性主义理论中发展出来的一个核心概念、一个分析问题的视角。

社会性别是与生理性别相对的一个概念，是人们经由社会化的过程，即通过家庭、学校、社会（文化等）的途径，男性和女性分别学习按照社会关于不同性别的观念来规范自己的行为，进而成长为符合社会性别角色定型的男性和女性，进而形成男性和女性的群体特征、角色、分工、责任、能力和权利。它由后天的社会建构而成，在个人社会化以及社会制度中得到传递和巩固。

（2）社会性别理论的主要观点：

①制度因素和文化因素是造成男性和女性的角色及行为产生差异的原因，两性差异不等于女性次于男性。

②人们现有的社会性别观念是社会化的产物。

③社会对妇女角色和行为的预期，往往是对妇女生物角色的延伸。

④社会性别的角色不是由生物性别决定的，而是由后天学习来的，是可以改变的。

⑤社会结构有利于男性，女性是受歧视和排斥的群体。

⑥性别既存在于私人生活领域，又存在于公共生活领域。

⑦社会性别的概念是对传统社会性别关系不平等的不认可和挑战。

⑧社会性别是一种社会身份，它与其他社会身份（如阶层、民族等）交织在一起。

⑨个人的问题，也是政治的问题。

传统的、基于生理决定论的社会性别观念规定了男性和女性不同的发展路径，而且男性优于女性的性别定型认识阻碍了妇女的发展。因此，打破传统的社会性别定型认识，重新反思和认识社会性别，对妇女发展、男女平等的实现具有深刻的意义，也是妇女社会工作的目标。

2. 运用社会性别理论视角，分析案例中吴女士面临的问题。

运用社会性别理论来分析吴女士的问题，要从以下几方面着手：

（1）要了解"社会性别"表达的是对传统社会性别不平等关系的不认同和挑战。男女不平等的问题不再仅仅是男女两性的生理差异，女性逆来顺受、与生俱来的问题；而是从社会制度来看这种男女差异和不平等的问题。这种差异和不平等的决定性因素是制度、文化等社会因素，是一个历史的范畴。

（2）要掌握性别角色的概念。社会性别涉及人们所担任的社会角色，而这种社会角色又是由性别分工造成的。目前男女性别角色存在较大的差异性，其实与民族、历史、文化、地区、社会阶层等因素息息相关，如较为传统的"男主外、女主内"的性别分工，以及"男强女弱"的性别定型观念，构成了男女两性最基本的社会性别角色。

（3）结合社会性别理论来分析本案例中吴女士的问题。本案例中吴女士的丈夫在外创业，吴女士在家操持家务，是传统的"男主外、女主内"分工模式。丈夫认为自己在外工作，承担着家庭的经济开支，对这个家庭具有"决定权"；吴女士在家操持家务，照顾一家老小，认同丈夫在外不容易，丈夫有些脾气和对自己不满是可以接受的，夫妻俩在这样的角色认知中维持着"平衡"。但随着丈夫经济状况的改变、家庭经济压力的增大、双方之间的生活习惯差异的凸显，丈夫对妻子的脾气渐长，妻子的"逆来顺受"也开始发生改变：对丈夫的不满及抱怨，夫妻间的冲突加剧，本质上是传统的制度、文化对性别角色的定型导致的问题。因此，根据题干，吴女士面临着以下问题：

①心理情绪缓解需求：吴女士面临家暴常处于一种低自尊的状态，认为自己应对施暴者的行为负责，难免会产生内疚、悲伤等心理压力。

②安全需求：吴女士面临家暴，很有可能会对身体产生伤害，出现一系列的安全问题。

③文化认同的需求：由于双方出生地不同、生活习惯不同而发生冲突，需要协助双方对彼此的生活习惯、文化进行多元包容和接纳。

④妇女自我增权的需求：吴女士被家暴的原因有很多，包括相对于丈夫处于弱势地位，以及社会对女性的性别建构，使得女性拥有较少的话语权，面临家暴无力反抗。因此，要让吴女士认识到她面临的问题并不是一个人的问题，还有可能与社会上人们对女性的认识，以及政策制度造成的资源分配不平等有关，所以我们需要对其增权，提高其女性权益保护的意识，同时也要消除无力感并促进女性能力的提升。

3. 运用社会性别理论，提出吴女士的社会工作服务策略。

（1）介入目标：通过社会工作专业服务，来缓解吴女士因家庭暴力而带来的心理伤害，改变丈夫错误的社会性别观念；加强夫妻之间的沟通，减少发生冲突的次数，杜绝暴力的发生；加强夫妻之间对彼此生活习惯、文化等的接纳和认同；促进妇女意识的觉醒和其能力的提升建设。

（2）介入策略：

①协助受虐妇女吴女士的自我改变和提升。首先，坚持以受虐妇女为本的理念，为吴女士提供心理辅导和心理支持，积极地倾听、接纳和尊重其感受，缓解其受暴力虐待后产生的心理压力和负面情绪，并帮助其正确地认识自己是有能力改变目前处境的。其次，与服务对象共同探讨个人优势，引导服务对象理性地看待婚姻问题，促使吴女士认识到家庭暴力对妇女的危害，以及造成家暴的原因，提高吴女士对有关自身状况、歧视、权利和机会的意识，吴女士是一个独立的个体，帮助她勇敢地争取在家庭中平等的

权利和地位。

②通过社会性别视角的观点来进行分析，提供认知辅导。首先，帮助吴女士认识到家庭暴力是男女不平等的表现，并不是由于社会性别建构而导致权力的不平等；并将丈夫作为服务对象进行辅导，明确指出任何理由的家庭暴力都是违法犯罪行为，帮助他树立尊重妇女、尊重妻子、性别平等的观念。其次，通过家庭治疗，来改善夫妻的沟通方法，协助他们认识到夫妻的冲突是可以避免的，但解决夫妻冲突可以采用暴力以外的方法，帮助他们找到解决冲题的方法，用理性的方法去处理夫妻冲突，改善家庭矛盾关系。

③帮助夫妻双方形成文化认同意识，分享对于生活习惯产生的差异，及由此带来的不便及好处，需要双方包容、接纳并共同探讨未来解决相关问题的方法。

④成立妇女互助小组，搭建社会支持网络。吴女士跟众多面临家暴问题的妇女一样：孤立无援，认为"家丑不可外扬'等。社会工作者组织处于类似困境的妇女建立支持小组，互相分享社会主流文化对男女两性的认识、面临家暴的应对经验等。定期开展主题小组活动，培育妇女小组领袖，推动成立妇女自组织，通过一些就业培训、情感支持、创业致富等方法，在促进互助支持体系的同时，也进一步提高性别意识，建立积极的自我认知，促进其对家暴的觉醒。

⑤促进妇女参与社区事务，消除性别不平等带来的压力。一方面营造社区的"零家暴"环境，通过大力宣传家暴的危害性以及对社会的影响，促进夫妻双方互相学习解决家庭冲突的非暴力方法，融入性别平等的意识观念，倡导男女两性平等。联合所在社区的妇联、派出所、司法所、社区医院、居委会、社区志愿者等搭建的专门反家暴的紧急支持网络，向有需求的妇女提供及时的帮助和服务。同时也可引导妇女参与社区的公共事务，开展一些关于不同地方的文化习俗、风土人情的活动，促进社区居民能够对不同地方的文化、生活习惯进行接纳和包容。另一方面是进行社会倡导和资源整合，协助妇女获得基本的权益保障资源，如庇护所的时间申请、协助警方对实施家暴者进行处罚。参与制定和完善妇女权益保障等政策制度。若有必要，可以带领妇女采取集体行动，旨在形成集体、参与倡导或开展社会行动，使社会文化减少对女性性别造成的不正确建构和标签，并对妇女给予更多的保护和关注。

第四题（论述题）

考题分析：

本题主要涉及发展理论、乡村振兴中社会工作者的角色、社会工作介入乡村振兴的服务策略等知识内容。考生必须要根据习近平总书记关于乡村振兴的重要论述、党和国家关于乡村振兴的重要文件精神来分析社会工作者能做什么，要做什么？这也提醒考生论述题要如何复习和作答：一是要有一定的知识面和视野，要经常进行相关文件的阅读，审时度势，把握社会工作发展的重点；二是要按照考试大纲来逐一梳理知识重点；对照考试大纲要求去熟悉相关内容；三是如果考试大纲内容未能在教材上找到对应内容的，必须通过职能部门官网、重要文件、杂志等途径去找有关政策和文件、专家文章等内容素材；四是要结合题干要求和服务实际去进行归纳、总结即可。

参考答案：

1. 当前我国乡村振兴面临的主要问题。

（1）农村产业发展和经济相对滞后问题。

产业发展滞后和经济衰退是制约我国农村发展和建设的一个重要原因。一方面，由于受农业风险加剧、收益降低等因素的影响，大量劳动力外流，导致"三留守"群体的数量剧增，农村"空心化"现象十分严重，农村人口数量、质量等面临发展困境。另一方面，由于城乡二元结构的长期存在，导致我国农村产业体系的现代化程度始终低于城市。农村第一产业主要面临生产效率低下的问题，绝大部分贫困地区的耕种方式、生产技术有待提高；农村第二产业面临制作工艺落后、竞争力不强等问题；农村第三产业滞后，没有构建较为完善的体系，服务能力有待提升。

（2）农村生态环境整治问题。

生态环境恶化是制约我国农村经济社会可持续发展的一个重要因素。由于农村经济发展相对滞后，地方政府对农村环境治理的重视程度不足，农村现代化的环保技术落后，有关生态保护的基础公共设施不完善，人力、物力和资金的投入力度也有待加大，而且部分高污染的工厂、企业转移至农村，对我国农村的生态环境造成了极大的破坏，导致生态系统难以短时间内恢复。

（3）农村乡风的建设和培育问题。

农村乡风建设和培育既是传承乡土文化的必然选择，又是进一步推动乡村振兴发展的内在要求和重要保障。"乡村振兴，乡风文明是保障"，要想解决当前我国农村发展滞后等问题，需要重点处理好物质文明和精神文明的关系，着实改善我国农民的整体精神风貌，进一步加强农村文化治理，完善农村公共文化基础设施建设，促进我国农村传统文化的继承和发展，努力培养文明、和谐乡风，不断提高我国农村社会的文明程度。

（4）农村基层治理问题。

基层治理问题是农村发展和乡村建设的基础性议题，探索扎实、有效、良性的治理模式是乡村振兴发展的重要路径。乡土中国基于血缘、地缘、乡缘等关系建立的互惠、互信机制是传统社会中进行乡村治理的有效途径。随着改革开放进程的不断推进，我国农村政治、经济和文化均发生了巨大变革，一些不稳定因素给农村基层治理带来了冲击，而且由于缺乏有效的制度保障，农村基层自治陷入了一个无序的困境，导致农村面临诸多社会治理难题，严重阻碍了我国乡村振兴发展的进程。

（5）农民主体性和社会知觉问题。

产业发展问题、生态环境问题、乡风建设问题、基层治理问题、贫困问题是乡村振兴进程中需要面对和重点解决的问题，但是归根结底需要解决农民主体性问题，激活农民的社会知觉和社会自觉。尊重农民意愿，发挥农民的主体作用，调动农民的积极性、主动性、创造性是乡村振兴的必然要求。因此，当前在我国乡村振兴发展过程中需要进一步确保农民主体性的发挥，应当借助增权、赋能等形式、途径来提高我国农民的积极性和能动性，切实形成"农民自己的乡村振兴"，进而保证我国乡村振兴进程的可持续发展。

2. 分析社会工作者参与乡村振兴的角色及作用。

（1）重点发挥社会工作者的资源获取者角色，促使农村产业兴旺。

社会工作者为了更好地服务救助对象、更好地实现助人目标，必须利用社会资源网络来联络政府、机构、社会等主体，并向这些主体成员争取受助者所需要的资源。并将这些资源传递到救助对象的手里。而将这些理念付诸乡村振兴进程，乡村振兴的宏观受助对象即是整个农村，微观救助对象即是具体的村民，社会工作者需要充分争取资源，为农村发展和建设提供各种公共基础设施、为农民的可持续发展提供各种所需的基本资料。

（2）重点发挥社会工作者的政策影响者角色，推动生态农村建设。

所谓政策影响人，是指由于部分问题不是由生理、心理所导致的，而是由社会性因素所导致的。因此，对造成这种社会问题的政策或制度进行改革是必要的。乡村振兴进程中面临诸多生态环境保护问题，需要发挥社会工作者的政策影响者角色，推动有关政策在农村的落实，促使政策深入人心，进而促使生态农村的建设进程得以加快。

（3）重点发挥社会工作者的倡导者角色，助力乡风文明建设。

所谓倡导者，是指社会工作者应当倡导受助者采取行动，即当受助者必须采取特定行动才能走出困境时，社会工作者应当积极引导受助者采取相应的行动，并指导他们解决问题。因此，在乡村振兴进程中，社会工作者应当积极发挥倡导作用，引导村民树立良好风尚，同时，也应避免完全忽视农村文化和农民意愿的强行推动的工作举措。

（4）重点发挥社会工作者的管理者角色，保证农村治理有效。

所谓管理者是指社会工作应当对整个工作过程进行有效的控制，必须协调好各项受助者所需要的资源和信息，进而保证整个工作过程有序、高效地完成。事实上，乡村振兴是一个大课题，因此需要对各方面的信息、资源进行综合安排和协调，这也要求社会工作者发挥管理者角色，为乡村振兴治理与协调提供助益，进而保证乡村治理的有效、有序。

（5）重点发挥社会工作者的支持者、服务提供者角色，实现农村生活富裕。

社会工作支持者角色强调社会工作者除了帮助救助对象解决基本困难，提供直接服务外，还应当帮助救助对象实现自立、自强，即所谓的"助人自助"，社会工作者应当成为支持者和鼓励者，并努力提升受助者的能力，进而促使自立和自我发展水平的提高。而服务提供者角色就是强调社会工作者需要为受助者提供服务，包括心理服务、物质服务。

因此，面对乡村振兴进程中面临的农民生计、农民发展等诸多问题，社会工作者需要发挥支持者角色，进一步提高农民在乡村振兴进程中的主体性角色的地位，也需要发挥服务提供者角色，为农村贫困人口提供物质帮助和心理服务，进而更好地促进我国乡村振兴的发展。

3. 运用社会发展理论来论述社会工作如何参与乡村振兴。

社会发展是一种社会福利增进的理论基础和方法，也是一种宏观社会工作实务方法。它重点处理的是经济增长与社会进步的关系，希望实现两者的相互促进、协调共进，提高服务对象的生产性和可持续的整体人口福祉。社会发展理论在社会工作的运用主要体现为：既重视社会整体的变迁，也重视物质方面的变迁，将社会政策视为一种社会投资，特别重视人力资本投资和资产建设项目、反贫困能力建设，重视综合运用优势视角、增权、意识觉醒/提升等一系列的理论视角，重视社会整合，关注公民权利和公平正义的实现。

根据社会发展理论，社会工作参与乡村振兴的路径如下：

（1）尊重农民话语，建设"农民主体性导向的乡村振兴"新形态。

在乡村振兴战略的实施过程中，需要尊重农民的话语权和首创精神，需要基于农民立场去思考如何完善乡村振兴战略，需要及时调研农民视角下的乡村振兴是什么，主动聆听农民的声音，考察农民需要的生活、需要的农村是什么，发挥我国农民在乡村振兴中的话语权和自主权，发挥农民在乡村振兴进程中的主体作用，进一步创建美丽乡村。而且，从社会工作的有关理念和价值观来看，社会工作遵循接纳、尊重、自觉的专业价值观，这要求社会工作在参与乡村振兴时，需要进一步尊重农民的话语权、农民的自我选择和自我决定的权利，积极发挥农民的主体性作用，进而建设一个以农民为导向的乡村振兴新形态。

（2）加强社会工作的承认和嵌入，探索"社会工作+乡村振兴"新模式。

社会工作的承认和嵌入是社会工作参与乡村振兴的重要前提。随着我国社会经济的发展和社会需求的不断提升，社会工作专业的认可度逐渐提高，并逐步被官方承认、接纳和认可。面对乡村振兴这一社会大背景，需要进一步提高社会工作的专业认可度，积极地建设和发展农村社会工作，加大农村社会工作者的培养力度，同时也将农村社会工作和农村村民自治委员会进行有机结合，进而促使社会工作在基层社会治理中得以嵌入式发展。进一步探索"社会工作+乡村振兴"模式，积极思考如何更好地将这一模式和理念落地，进而推动我国新时代农村建设，促进我国乡村振兴进程的快速发展。

（3）培育乡村振兴自组织，探索"发展性的乡村振兴"新理念。

培育乡村振兴自组织，推动农村社会化服务组织的发展是促进我国乡村振兴的重要渠道。"大力培育服务性、公益性、互助性农村社会组织，积极发展农村社会工作"是进一步推动乡村振兴发展的必然要求。乡村振兴发展的进程中需要重点关注如何培育自组织，进一步提升村民自我组织和自我管理的能力。而且，从社会工作的相关专业技能来看，社会工作非常强调和提倡赋权和增能，积极培养农民的可持续发展能力。因此，面对当前乡村振兴中的治理困境，社会工作参与乡村振兴必须发挥农民的主体性，必须加强农村自组织建设，积极培养农民的组织能力，提高自身管理水平，进而解决农村自治力量薄弱的问题，从而构建一个"具有高度发展性"的乡村振兴模式。

（4）发展农村"原住社会工作者"，形成"植根本土的乡村振兴"新路径。

挖掘农村本土人才和农村本地社会工作者，有利于更好地服务乡村振兴。由于社会工作者更多的是一个"外来者"的角色，在介入初期很难获得社区居民的信任，因此给社会工作者的相关工作带来一定的挑战。在乡村振兴进程中，有不少外来社会工作者、新乡贤参与进来，但是由于他们对本地情况不够了解、无法深入本地等原因，导致社会工作效果不够显著，因此，需要在农村地区培养来自本村的社会工作者，进而形成一个植根于本土的具备可持续发展能力的乡村振兴新路径。

（5）回顾乡村建设历史，创新乡村振兴模式。

回顾我国乡村建设历史，积极吸收和借鉴历史中的有效经验是进一步创新我国乡村振兴模式的必要方法。社会工作参与乡村振兴这一进程中，要重点关注的是历史上农村发展、乡村建设方面的经验和教训，反思农村社会工作、乡村振兴战略存在的问题和困境，进而尝试形成一个具有高度反思性的乡村振兴战略，更好地服务于新时代我国农村发展和乡村建设。

后 记

　　党的二十大擘画了全面建设社会主义现代化国家、以中国式现代化全面推进中华民族伟大复兴的宏伟蓝图，吹响了奋进新征程的时代号角。全面建设社会主义现代化国家，必须有一支规模宏大、结构合理、素质优良的人才队伍。在这一项伟大而艰巨的事业中，广大社会工作者前途光明，任重道远，亟须在认真学习理论的同时，积极运用专业的方法、科学的技能服务于所从事的工作，为全面建设社会主义现代国家、全面推进中华民族伟大复兴贡献自己的力量。

　　为此，具有多年考前辅导经验的广东省外语艺术职业学院和重庆城市管理职业学院社会工作专业教学团队，以及资深的社会工作事务人员一起编写了这套真题详解。《高级社会工作师考试真题详解》收集了高级社会工作师考试开考以来的所有真题，并对真题的出题考点、答题方法及涉及的内容进行了全面梳理，帮助考生了解高级社会工作师考试的出题知识重点，涉及的范围，答题的思路及呈现形式，破解应试重点，化解应试难点，全面掌握高频出题点。同时，结合重点知识、社会政策、社会服务重点精心编制了四套模拟题，帮助考生进一步熟悉巩固重点知识，为通过考试做全面深入的准备。

　　最后，预祝各位考生顺利通过考试！

全国社会工作者职业水平考试真题详解编写组